MARCO ⊕ POLO
NORWEGEN

Reiseführer mit Insider-Tips

W0247673

*Sechs Symbole sollen Ihnen
die Orientierung in diesem Führer erleichtern:*

für Marco Polo Tips – die besten in jeder Kategorie

für alle Objekte, bei denen Sie auch eine schöne Aussicht haben

für Plätze, wo Sie bestimmt viele Einheimische treffen

für Treffpunkte für junge Leute

(A 1)
Koordinaten für die Übersichtskarte

*Die Marco Polo Route verbindet die schönsten Punkte
Norwegens zu einer Idealtour*

*Diesen Führer schrieb Jochen Seelhoff.
Der deutsche Journalist nennt Norwegen seine zweite Heimat
und berichtet seit 25 Jahren über das Land.
Die Marco Polo Reihe wird herausgegeben
von Ferdinand Ranft.*

MAIRS GEOGRAPHISCHER VERLAG

MARCO ⊕ POLO

Für Ihre nächste Reise gibt es folgende Titel dieser Reihe:

Ägypten • Algarve • Amrum / Föhr • Amsterdam • Andalusien • Antarktis • Argentinien / Buenos Aires • Athen • Australien • Bali / Java • Baltikum • Bangkok • Barcelona • Bayerischer Wald • Berlin • Bodensee • Brasilien / Rio • Bretagne • Brüssel • Budapest • Bulgarien • Burgenland • Burgund • Capri • China • Costa Brava • Côte d'Azur • Dänemark • Deutschland Ost • Dominikanische Republik • Dresden • Düsseldorf • Elba • Elsaß • England • Euro Disney • Feuerland / Patagonien • Finnland • Flandern • Florenz • Florida • Frankfurt • Frankreich • Frz. Atlantikküste • Fuerteventura • Galicien • Gardasee • Gran Canaria • Griechenland • Griech. Inseln / Ägäis • Hamburg • Harz • Hawaii • Heidelberg • Holland • Hongkong • Ibiza / Formentera • Indien • Ionische Inseln • Irland • Ischia • Island • Israel • Istanbul • Italien • Italien Nord • Italien Süd • Ital. Adria • Ital. Riviera • Japan • Jemen • Jerusalem • Kalifornien • Kanada • Karibik: Gr. Antillen • Karibik: Kl. Antillen • Kärnten • Kenia • Köln • Korsika • Kreta • Lanzarote • La Palma • Leipzig • Lissabon • Loire-Tal • London • Madeira • Madrid • Malediven • Mallorca • Malta • Marokko • Mauritius • Mecklenburger Seenplatte • Mexiko • Moskau • München • Nepal • Neuseeland • New York • Norwegen • Oberbayern • Oberital. Seen • Österreich • Ostfriesische Inseln • Ostseeküste: Schlesw.-Holst. • Ostseeküste: Mecklbg.-Vorp. • Paris • Peking • Polen • Portugal • Potsdam • Prag • Provence • Rhodos • Rom • Rügen • Rumänien • Rußland • Salzburg / Salzkammergut • San Francisco • Sardinien • Schottland • Schwarzwald • Schweden • Schweiz • Sizilien • Spanien • Spreewald / Lausitz • Sri Lanka • St. Petersburg • Südafrika • Südengland • Südsee • Südtirol • Sylt • Taiwan • Teneriffa • Tessin • Thailand • Thüringen • Tirol • Tokio • Toskana • Tschechische Rep. / Slowakische Rep. • Tunesien • Türkei • Türk. Mittelmeerküste • Ungarn • USA • USA: Neuengland • USA Ost • USA Südstaaten • USA West • Venedig • Weimar • Wien • Zypern • Die 30 tollsten Ziele in Europa •

Die Marco Polo Redaktion freut sich, wenn Sie ihr schreiben:
Marco Polo Redaktion, Mairs Geographischer Verlag
Postfach 31 51, D-73751 Ostfildern

Unsere Autoren haben nach bestem Wissen recherchiert. Trotzdem schleichen sich manchmal Fehler ein, für die der Verlag keine Haftung übernehmen kann.

Titelbild: Geirangerfjord (Schuster/Bull)
Fotos: Amberg (20,23) / Lade: Bav (39), Morell (76), Rohr (48) / Mauritius: Giering (63), Mayer (33), Messerschmidt (40), Milted Foto (4), Rosing (9), Scholey (36) / OH (Umschlagklappe, 14, 24, 28) / Schapowalow: Gierig (70, 86), Heaton (35), Messerschmidt (30, 68, 78) / Schuster: Jogschies (50) / Seelhoff (12, 18, 64) / Sperber (17, 43, 94) / Transglobe: Krecichwost (56), Richardson (54), Svenson (26)

3., aktualisierte Auflage 1994
© Mairs Geographischer Verlag/Hachette
Lektorat: Juliane Stier
Gestaltung: Thienhaus/Wippermann (Büro Hamburg)
Kartographie: Mairs Geographischer Verlag

INHALT

Auftakt: Entdecken Sie Norwegen! **5**
Land voller Gegensätze, lieblich und wild,
gewaltig und still. Und mit sehr eigenwilligen Menschen

Geschichtstabelle **7**

Norwegen-Stichworte: Von Familie bis zu den Stabkirchen **13**
Von Frauen und Hilfsbereitschaft,
dem Königshaus und der Mitternachtssonne nördlich des Polarkreises

Essen & Trinken: Viel Fisch, aber nicht nur Fisch **21**
Die norwegische Küche gilt als einfallslos.
Aber da kann man schon mal sein blaues Wunder erleben

Einkaufen & Souvenirs: Kunstgewerbliches aus Wolle oder Holz . . **25**
Ob warme Norwegerpullis, geschnitzte Holzlöffel
oder Stickbilder – Sie finden alles bei »Husfliden«

Norwegen-Kalender: Feste rund um Jazz, Theater und Ski **27**
Norweger sind nicht so nüchtern wie ihr Ruf:
viel Spektakel um Sport und Musik

Der Süden: Schon weit unten ist der ganze Norden **31**
Sie müssen nicht bis zum Polarkreis. Denn in Südnorwegen
finden Sie alles, was Sie vom Norden erwarten

Der Westen: Land der Fjorde, Fähren und Fische **41**
Im Fjordland des Westens ist alles wie
aus dem Reiseprospekt, nur schöner und aufregender

Tröndelag: Hier werden noch Könige gesalbt **51**
Trondheim, die alte Stadt der norwegischen Könige,
blieb bis in unsere Zeit die Stätte feierlicher Inthronisation

Nordland: Rauh, aber herzlich **57**
Das Nordland liegt noch weit vom ewigen Eis entfernt,
für Südnorweger aber schon hinterm Nordpol

Lofoten: Wo die Alpen dem Meer entsteigen **65**
Als der Fisch ausblieb, schienen die Lofoten am Ende.
Jetzt soll der Tourismus das Paradies im Norden retten

Troms: Superlative nimmt hier keiner ganz ernst **71**
Tromsö, die alte Stadt des Nordens, ist heute
fest in der Hand der Jugend: Studenten haben sie neu geprägt

Finnmark: Wo der Norden ein Käppchen trägt **77**
Wenn Norweger von der Nordkalotte sprechen, meinen sie
das Ende der Welt. Da sagen sich Ren und Schneehuhn adieu

Praktische Hinweise: Von Auskunft bis Zoll **85**

Warnung: Bloß nicht! **93**

Was bekomme ich für mein Geld? **94**

Register **95**

Entdecken Sie Norwegen!

Land voller Gegensätze, lieblich und wild, gewaltig und still.
Und mit sehr eigenwilligen Menschen

Zugegeben, wenn es um Norwegen geht, bin ich nicht objektiv. Denn ich liebe dieses Land, und ich liebe, was manche meiner Freunde nicht verstehen, die Menschen am nördlichen Rand Europas. Diese knorrigen, kantigen, oft maulfaulen und manchmal unfreundlichen Norweger. Die den Gruß des Gastes häufig unerwidert lassen, aber sich schier ein Bein ausreißen, wenn der in Schwierigkeiten gerät.

Ich war, das ist viele Jahr her, zum erstenmal in Norwegen, war in Kristiansand von der Dänemark-Fähre gerollt und nahm die damals noch schmale Schotterstraße nach Stavanger. Gleich am Stadtrand passiert es: Der Transporter eines Gärtners schneidet die Kurve, rechts ist nackter Fels, kein Gedanke an Ausweichen. Es kracht, glücklicherweise ist niemand verletzt, und wie es aussieht, können wir beide mit eigener Kraft weiter-

Mit dem Boot auf blauem Fjordwasser dümpeln, angeln oder in der Sonne dösen — das sind Ferien in Norwegen

fahren. Der Gärtner zieht eine spitze Tüte aus grauem Packpapier vom Beifahrersitz, fummelt einen Bleistiftstummel aus der Hosentasche, nimmt das Dach seines Autos als Schreibunterlage: »Jeg er skyldig«, »Ich bin schuld«. Datum, Autonummer, Unterschrift. Ich blicke zögernd auf den Wisch. Ein zweiter Norweger muß warten, bis wir die Straße räumen. Er bemerkt meine Unsicherheit, steigt aus, läßt sich die Tüte zeigen. »Oh, das sollst du gerne nehmen! Das ist so gut wie ein Scheck!« Tatsächlich überweist die norwegische Versicherung die Reparaturkosten innerhalb weniger Tage. Ohne jede Rückfrage.

Wie der Gärtner so der König. Harald V. von Norwegen, seinem Vater Olav V. 1991 auf den Thron gefolgt, schickt sich an, in Sachen Popularität mit dem alten Monarchen gleichzuziehen. Beide waren in ihrer Jugend hervorragende Skiläufer, beide sprangen mit den Landeskindern um die Wette von der Holmenkollensprungschanze bei Oslo. Der Vater ersegelte sich eine Goldmedaille bei Olympischen Spielen, der Sohn wurde 1987 vor Kiel mit seiner »Fram« Weltmeister in der Eintonner-Klasse, der Formel I der Rennsegler, einziger Amateur unter lauter Profi-Skippern. Das gefiel den Norwegern, aber es versetzte sie noch nicht in Euphorie. Das alte Seefahrervolk meinte, das sei die einem norwegischen Königssohn angemessene Leistung.

Besser fanden sie eigentlich die kleine Geschichte, die sich am Rand der Regatten abspielte. An einem sehr stürmischen Tag hat es auf fast allen Booten Bruch gegeben. Auch auf der »Fram« sind Schäden zu reparieren. Harald macht sich also auf und geht zum Zelt des Schiffsausrüsters, ordert Tauwerk, Karabinerhaken, Schäkel, Wantenspanner, was weiß ich. Der Servicemann, keine Ahnung, wen er vor sich hat, schleppt das Geforderte heran und steht einem verstörten Segler gegenüber, der alle Taschen seines Overalls abklopft: »Ich hab' überhaupt kein Geld bei mir!«

»Macht nichts. Wenn du mir deine Uhr als Pfand gibst, kannst du morgen bezahlen.«

Ein deutscher »Offizieller«, ein Seglerfunktionär, will sofort eingreifen und den Händler aufklären, wer da vor ihm steht. Harald aber winkt ab, streift seine teure Uhr vom Handgelenk und schiebt sie über den Tresen. »Das ist doch völlig in Ordnung so«, sagt er zu dem Herrn von der Regattaleitung. »Der Mann kennt mich nicht, da braucht er eine Sicherheit.« Am nächsten Morgen löst er die Uhr wieder aus. Er kommt selbst, weil »das am praktischsten ist«.

Praktisch sein, eine Sache in Ordnung bringen, das Notwendige sofort tun, aber alles Übrige erstmal lassen: Das ist ein gutes Stück Norwegen, das gehört zu diesem Land wie im Juli ein Schneesturm über Finnmarken, während Oslo zur selben Stunde unter 30 Grad im Schatten schwitzt. Gegensätze überall. Da sind Ende Mai, Anfang Juni die Fjordränder von blühenden Apfelbäumen verzaubert, aber windet man sich mit dem Auto die nächste Serpentinenstrecke hoch, fährt man nach zehn Minuten zwischen drei Meter hohen Schneemauern, in die mühsam eine einzige Fahrspur mit Ausweichstellen gefräst ist. Da dümpelt man im Hochsommer weit nördlich des Polarkreises mit dem Boot auf blauem Fjordwasser und angelt. Oder döst nur noch, weil bei all der Hitze selbst das Angeln zu anstrengend wird. Aber plötzlich schiebt sich wie in einer Bühneninszenierung eine massive weiße Wand über den Fjord: Nebel! Jetzt heißt es rudern! Damit man noch ein Ufer erreicht und weiß, wo man ist, ehe die nasse Watte einen blind macht und frösteln sowieso, denn die Temperatur stürzt schlagartig um zwölf, fünfzehn, achtzehn Grad.

In Norwegen ist alles extrem. Das Wetter, der Wind, das Land, die Fjorde, das Meer. Nur die Menschen sind es nicht, obwohl sie doch alle Nachfahren der Wikinger sind. Dieser mordenden, sengenden, plündernden, schändenden Schlagetots, die um das Jahr 800 von ihren kargen Inseln und aus der Enge der Fjorde aufbrachen, ganz Europa das Fürchten zu lehren. Unvorstellbar:

Geschichtstabelle

9000 v. Chr.
Die Gletscher der letzten
Eiszeit gehen zurück. Erste
Siedlungsspuren im Süden

4000 v. Chr.
Steinzeitmenschen als Fischer
auf den Lofoten. Sie bauen
Boote aus Häuten und Holz-
gestängen, fangen Fisch schon
aus großer Tiefe

1500 v. Chr.
Beginn der Bronzezeit in Nor-
wegen. Primitiver Ackerbau,
Viehzucht, Jagd und Fischerei

500 v. Chr.
Eisenzeit. Danach germani-
sche Besiedlung. Es folgt die
Bildung rivalisierender Klein-
königreiche. Holzbootbau
beginnt

793
Beginn der »Wikingerzeit«:
Überfall auf Lindisfarne. Raub-
züge nach England, Irland,
Flandern, Frankreich und ins
Mittelmeer folgen. Island,
Grönland, Amerika (Vinland)
werden entdeckt

872
König Harald Schönhaar
einigt ganz Norwegen.
Nach seinem Tod ständige
dynastische Kämpfe

1016
Christianisierung beginnt

1066
Ende der »Wikingerzeit«

um 1250
Die Hanse dringt nach Norwegen vor, beutet das Land wirt-
schaftlich aus

1349–1350
Pest-Epidemie, kaum mehr als
200 000 Norweger überleben

1397
Kalmarer Union: Dänemark,
Schweden und Norwegen
vereinigt

1537
Norwegen wird dänische
Provinz, richtiger: Kolonie

1814
Dänemark muß Norwegen
an Schweden abtreten. Im
selben Jahr geben 112 »ein-
flußreiche Norweger« in Eidsvoll dem Land eine Verfassung, die der schwedische
König Karl Johan anerkennt.
Großer Wirtschaftsaufschwung

1905
Norwegen trennt sich friedlich
von Schweden, das Parlament
wählt den dänischen Prinzen
Carl zum Monarchen. Er nennt
sich König Haakon VII.

1940
Deutsche Truppen besetzen
Norwegen

1949
Norwegen tritt der NATO bei

1957
Haakon stirbt, sein Sohn wird
König: Olav V.

1969
Erste Ölfunde vor der Küste.
Der Ölboom bringt Wohl-
stand, aber auch Lohn-Preis-
Probleme

1991
Harald V. wird nach Olavs Tod
König von Norwegen

Kaum mehr als eine Handvoll Männer fuhren in gebrechlichen Booten, mit denen unsereins heute kaum noch über den Gardasee schippern möchte, nach England und Irland, entdeckten Island und Grönland, erreichten Amerika 500 Jahre vor Columbus. Sie wüteten in Deutschland, Flandern und Frankreich, stießen quer durch Rußland vor bis nach Bagdad und Byzanz, wo sie als Leibgarde des oströmischen Kaisers bald das Sagen hatten. Andere umsegelten Spanien und machten sich im westlichen Mittelmeer breit.

Nicht etwa nur, daß die mettrinkenden Rauhbeine aus dem Norden da überall irgendwann auch mal gewesen sind. Nein, wohin sie kamen, änderten sie das Leben. Süditalien gefiel ihnen besonders, das Klima war angenehm, der Wein schmeckte. Also blieben sie, gründeten die »Normannen« -, die Nordmänner-Staaten in Apulien und Sizilien. Aber auch sie selbst änderten sich, sogen das Neue, Fremde neugierig in sich auf. Das allerdings war der Anfang vom Ende der großen Wikingerzeit. Jener Zeit wenigstens, von der wir in der Schule hören.

Da waren natürlich auch einige zu Haus geblieben. Die Besonnenen, Beharrlichen, Unauffälligen, die Boote bauten, Tauwerk drehten, Fische fingen und Kühe melkten: die Vorfahren der Norweger von heute. Kein Volk von Hasenfüßen, Leute mit Bekennermut und Gerechtigkeitssinn, auch wenn das persönlichen oder politischen Ärger macht. Wer arm, schwach, verfolgt ist, kann auf sie zählen. Es paßt ins Bild, daß ausschließlich Norweger darüber entscheiden, wer den Friedensnobelpreis erhält.

Große Entdecker, kühne Seefahrer kommen noch immer aus Norwegen. Aber Nansen, Amundsen, Heyerdahl waren mehr Forscher als Abenteurer. Der Polarforscher Fridtjof Nansen wurde nach dem Ersten Weltkrieg eine Art Weltflüchtlingskommissar. Die Kraft seines Namens genügte, Hunderttausenden das Leben zu retten. Das Nobel-Komitee in Oslo zögerte lange, bis es ihm den Friedenspreis verlieh — es wollte nicht in den Verdacht geraten, einen Landsmann zu bevorzugen. Roald Amundsen, Entdecker des Südpols, kam ums Leben, als er seinen ärgsten Rivalen und persönlichen Feind, den italienischen Obersten Umberto Nobile, aus dem Polargebiet retten wollte. Und Thor Heyerdahl war einer der ersten, die sich weltweit für einen globalen Umweltschutz einsetzten. So etwas hat Tradition: Als an Mitteleuropas Küsten Schiffbrüchige noch regelmäßig ausgeplündert und oft auch schlicht umgebracht wurden, hatten Norwegens Lotsen und Fischer längst Tausende von sinkenden Schiffen gerettet.

Monarchie? Als Harald V. 1991 im Nidarosdom von Trondheim »gesegnet« wurde — Krönung gibt es nicht mehr —, sprachen sich bei einer Umfrage 84 Prozent der Norweger für einen König als Staatsoberhaupt aus. Das sei so praktisch. Aber gleichzeitig forderten fast hundert Prozent die parlamentarische Demokratie mit einer starken Regierung: Im Storting spielt die Musik, nicht im Schloß.

Weit draußen im Meer liegt eine Welt für sich: die Lofoten

Die Norweger sind ein junges, unverbrauchtes Volk in einem, erdgeschichtlich gesehen, blutjungen und noch wenig verbrauchten Land.

Norwegen, wie es heute so daliegt zwischen Kap Lindesnes im Süden und dem Nordkap am Eismeer, das sieht so nach Urwelt und erstem Schöpfungstag aus mit seinen gewaltigen Gebirgsmassiven und Gletschern, den weiten Hochmooren, der Tundra im Norden, den schier endlosen Wäldern und dem vielen Wasser. »Norwegen ist das schönste Land der Erde!« hat Sven Hedin gesagt. Er mußte das wissen, der große schwedische Forscher und Geograph hatte die Welt gesehen. Norwegen, wie es sich uns heute zeigt mit seiner grandiosen Vielfalt erhabener, lieblicher oder dräuender Landschaftsbilder, ist gerade 10000 Jahre alt, ein Wimpernschlag, denkt man in erdgeschichtlichen Zeiträumen. Vor zehnmal tausend Jahren erst zogen sich die Gletscher der letzten Eiszeit zurück, legten das Land so bloß, wie wir es heute sehen.

Von Lindesnes im Süden bis zum Nordkap sind es 1752 Kilometer Luftlinie. Nehmen wir Lindesnes als Drehpunkt und schwenken das ganze Land nach Süden, dann liegt das Nordkap bei Rom! 1752 Kilometer Luftlinie bedeuten 2587 Straßenkilometer, und von Norwegens südlichster Stadt Kristiansand bis nach Kirkenes an der russischen Grenze sind es noch ein paar mehr, genau 2870 Kilometer. Wenn Sie die mit dem Auto in fünf Tagen schaffen, werden Sie selbst ziemlich geschafft sein. Kilometerfressen das geht nicht. Ganz selten darf 90 gefahren

9

werden, sonst heißt es auf Landstraßen: 80 sind Höchstgeschwindigkeit. Schneller sein zu wollen, bedeutet auf den Fernstraßen mühsames Kolonnenspringen, sofern wegen der vielen Kurven an Überholen überhaupt zu denken ist. Außerdem wird es teuer, wenn man zu schnell in eine Radarkontrolle fährt. Die Polizei kassiert sofort. Wer nicht zahlen kann, läßt das Auto stehen, bis er bezahlt hat, alles ganz einfach und praktisch. Wer sehr schnell war, läßt Auto und Führerschein bei der Polizei. Wer mit mehr als 0,5 Promille Alkohol erwischt wird, bezahlt anderthalb Monatsgehälter Strafe. Ab 1,5 Promille gibt es unweigerlich Knast. Auch ohne jeden Unfall.

Noch ein paar Zahlen: Rund 70 Prozent des Landes sind Berge, Felsen und Ödland, ein knappes Viertel ist von Wald bedeckt, nur auf 3,1 Prozent der Bodenfläche kann Landwirtschaft betrieben werden. Die Küstenlinie einschließlich der Buchten und Fjorde mißt 28 000 Kilometer. Zählt man die Küsten der 50 000 Inseln und Schären hinzu, kommt man auf über 50 000 Kilometer. Nur die inneren Fjorde, durch Flüsse stark ausgesüßt, frieren im Winter manchmal zu. In der Regel bleibt die Küste bis in den höchsten Norden eisfrei. Ausläufer des warmen Golfstromes, der aus der Karibik kommt, sorgen dafür, daß es nirgendwo auf der Erde so weit nördlich so warm ist wie an Norwegens Küste. Im Landesinneren jedoch wird es im Winter bitter kalt: bis minus 50 Grad.

Man kann Norwegen nicht in 14 Tagen »machen«, die Entfernungen sind einfach zu groß, das Fahren ist oft zu mühsam. Sie sind gut beraten, wenn Sie sich das Land stückchenweise vornehmen.

Wenn Sie zum erstenmal in Norwegen sind: Schon im Süden zwischen Oslo und Bergen haben Sie Norwegen total mit Gebirgen und Fjorden, Wasserfällen und Seen, weiten Wäldern und Stille, wenn Sie die suchen. Dann das Fjordland im Westen mit Hardanger und Sogne, Nordfjord und Geiranger, kein Fjord wie der andere, und am schönsten oft die unbekannten, selten besuchten Nebenfjorde, die ich so mag, weil man sie an manchen Tagen ganz für sich hat. Aber dafür muß man schon mal runter vom Asphalt und auf Schotterstraßen die Stoßdämpfer strapazieren. Einige Fjorde, von den Gletschern der Eiszeiten aus dem Fels gehobelt, sind über tausend Meter tief, steil aufragend oftmals die Berge, die aus dem Wasser aufsteigen, hochalpin und von ewigem Schnee gekrönt. Landeinwärts liegen die Plätze für Sommerski. Oder die Hochflächen von Hardangervidda, Jotunheimen, Dovrefjell. Die muß man erwandern, aber dazu gehören gute Schuhe und gesunde Füße. Tröndelag, das Gebiet um Trondheim, und die alte Königstadt selbst mit dem gotischen, vielfach umgebauten Nidarosdom reichen für einen ganzen Urlaub. Weiter nördlich passieren Bahn und Straße fast parallel in der Mondlandschaft des Saltfjells den Polarkreis, und noch immer hat man hier tausend Kilometer bis zum Nordkap vor sich! Immerhin, man ist jetzt in Nordland, hat Lofoten und Vesterålen weit draußen im Meer zur Linken, passiert Norwegens schmalste Stelle, wo zwischen Meer und schwedischer Grenze nur knapp sechseinhalb Kilometer liegen. Narvik, im Krieg so schwer umkämpft: Franzosen, Briten, Polen und Norweger eroberten es gemeinsam von den deutschen Invasionstruppen zurück und verloren es dann doch wieder. Schließlich Finnmarken, das Ende der Welt. Immer karger wird der Bewuchs, immer tiefer sinkt die Baumgrenze, Permafrostbuckel begleiten die Straße, sobald sie an Höhe gewinnt. Finnmarken, Norwegens am dünnsten besiedelte Provinz. 1,4 Menschen je Quadratkilometer weist die Statistik aus. Und es werden immer weniger.

Finnmarken, Troms, Nordland — das Armenhaus Norwegens, aus dem junge Leute in den reichen Süden abwandern wie die Süditaliener nach Norden, die Ostdeutschen nach Westen, die Nordafrikaner nach Frankreich und Spanien. Oslo tut alles, um die Menschen im Norden zu halten, aber das Leben dort oben ist zu hart, die Winter sind zu lang, und es gibt immer weniger Arbeit. Die überfischten Meere liefern zu geringe Fänge, Tausende Fischer haben aufgegeben, ihre Boote verkauft, oder die Banken haben sie gepfändet. An einem Fischer auf See aber hängen drei Arbeitsplätze an Land. »Schwarze See« sagt man im Norden. Das bedeutet: kein Fisch im Meer. Die letzten Winter ließen hoffen. Plötzlich zogen aus dem Eismeer Dorsch und Hering wieder an die Küste. Die Netze so voll wie seit Jahr-

zehnten nicht mehr. Die Wende zum Guten? Oder nur ein letztes Aufbäumen der geschundenen Natur? Norwegen kennt längst Umweltprobleme. Viele sind aus England, Frankreich, Belgien, den Niederlanden und Deutschland importiert. Der Wind trägt die verpestete Luft bis nach Norwegen, saurer Regen hat scheinbar unberührte Bergseen zu toten Gewässern gemacht. Aber die Norweger wissen auch um ihre hausgemachten Probleme. Aluminium- und Kupferhütten haben ganze Fjorde gemordet, Stickstoffwerke die Wälder krank werden lassen. Und dann das Öl! Mit den Bohrtürmen in der Nordsee kam der Wohlstand ins Land. In wenigen Jahren tilgte Norwegen alle seine Auslandsschulden. Die Einkommen stiegen und mit ihnen die Preise. Seit 25 Jahren dreht sich die Lohn-Preis-Spirale ohne Pause. Nichts, aber auch gar nichts ist in Norwegen noch billig. Gibt es einen Ausweg? »Aufrüsten für die Zeit nach dem Öl, neue Industrien aufbauen«, so Gro Harlem Brundtland, die langjährige Ministerpräsidentin. Aber dafür braucht man Geld, braucht noch mehr Öl. Und die Bohrtürme wandern immer weiter nach Norden.

Trond Jusnes, viele Jahre Bürgermeister der Fischerinsel Flakstadøy im Lofotenarchipel, hat vor seinem Haus Meer, Fjord und Berge, eine Panorama-Aussicht, die hundertmal gemalt worden ist. »Wir wissen«, sagt Jusnes, »daß wir in einem kleinen Paradies leben. Aber es ist nur geborgt, ein Paradies auf Zeit. Wer es noch erleben will, sollte bald kommen.«

Von Familie bis zu den Stabkirchen

Von Frauen und Hilfsbereitschaft, dem Königshaus und der Mitternachtssonne nördlich des Polarkreises

Familie

Für die Norweger spielt die Familie eine große Rolle. Alt und jung wohnen oft lange im selben Haus, und enge Kontakte bleiben auch dann bestehen, wenn die Kinder aus dem Haus gehen: Man besucht sich oft. Eine Entbindung ohne beide Großmütter ist kaum vorstellbar, obwohl die meisten Babys heute in der Klinik geboren werden. Also hüten die beiden so lange Haus oder Wohnung und die älteren Kinder. Nicht zu vergessen Sohn oder Schwiegersohn. Das Verhältnis zur Schwiegermutter ist meistens besser als im übrigen Europa. Vielleicht liegt es daran, daß man bis vor kurzem im Familienverband viel stärker aufeinander angewiesen war als in dichter besiedelten Ländern. Heute leben immer mehr Paare ohne Trauschein. Fast 50% der Kinder werden außerehelich geboren.

Stabkirchen sind eine architektonische Besonderheit des Landes. Heute gibt es noch 30 der ehemals 1000 hölzernen Gotteshäuser

Fischerei

Vor kaum einem Menschenalter waren Fisch und Holz die Standbeine der norwegischen Wirtschaft. Dann kam das Öl, das heute über zwei Drittel der Exporterlöse ausmacht. Seit dem Krieg ist mit den Fischbeständen vor der norwegischen Küste und in der Barentssee Raubbau getrieben worden. Russen, fast alle westeuropäischen Staaten und natürlich die Norweger selbst haben mitgeholfen. Meer ohne Fisch heißt es heute nur zu oft. Die Lofotenfischerei, seit tausend Jahren eine sichere Nahrungs- und Verdienstquelle, war fast schon am Ende, ehe sich in den allerletzten Jahren wieder Hoffnung breit machte. Die Fänge nahmen zu, Erfolge konsequenter Schonung und strenger Fangquoten. Viele Fischer sahen einen Ausweg in der Aquakultur, Lachszucht vor allem, erste Versuche auch mit anderen Fischen: Käfighaltung in den Fjorden. Aber wie bei jeder Massentierhaltung: Seuchen stellten sich ein, griffen über auf die Wildfische im freien Wasser. Es begann im Süden, fraß sich immer weiter

Seit die Fischerei in der Krise steckt, setzt man auf Lachszucht

nach Norden. Die große Zeit der Tierärzte: jeden Fisch impfen, Unmengen von Antibiotika, Cortison spritzen. Die staatliche Lebensmittelkontrolle Norwegens ist streng. Ganze Farmbestände mußten vernichtet werden. Trotzdem 1991/93 die große Krise: Überangebot ließ die Preise verfallen, Konkurse küsteauf, küsteab. Gesundschrumpfen heißt die bittere Lehre. Dennoch: Der Erlös aus Farmfisch ist heute schon höher als der aus Fangfisch.

Frauen

Norwegens Frauen gehören zu den am weitesten emanzipierten in Europa. Was für sie allerdings weniger ein Thema als eine Selbstverständlichkeit ist. Schon zu Wikingerzeiten hatte die Frau im Familienverband eine starke Stellung, sicher ist davon unbewußt etwas erhalten geblieben. Als Gro Harlem Brundtland 1982 zum erstenmal Ministerpräsidentin wurde — Staatsminister, sagt man in Norge — war das nur kurzfristig eine Sensation. Denn sie bewies sehr schnell Tatkraft, Kompetenz und Durchset-

zungsvermögen. Heute geht in Oslo ohne sie nichts mehr, ob sie nun gerade Regierungschefin ist oder — meist nur für kurze Zeit — auf die Oppositionsbank verdrängt wird. Oft hat sie schon die Rückkehr an die Macht ohne Neuwahlen geschafft: durch geschicktes Taktieren, durch Gewinnen neuer Koalitionspartner. Auch mit Minderheitskabinetten hat sie sich behauptet. Kein Wunder, daß sie 1991 ernsthaft als erste UN-Generalsekretärin im Gespräch war. In Norwegen waren Freund und Gegner strikt dagegen. Sie ist zu Hause wichtiger. Frau Brundtland, von Haus aus Ärztin, wäre nie auf den Gedanken gekommen, sich Staatsministerin zu nennen. »Daß ich eine Frau bin, erkennt man an Vornamen oder Figur!«

Fylker

Norwegen ist in 19 *fylker* (Einzahl: fylke — Regierungsbezirke, Provinzen) eingeteilt. Von Süden nach Norden: Vest-Agder, Aust-Agder, Telemark, östlich davon Vestfold, Oslo, Akershus und Östfold, westlich Rogaland, Hordaland, Sogn og Fjordane,

Möre og Romsdal, in der Mitte Buskerud und Oppland, im Osten Hedmark, darüber Sör-Tröndelag und Nord-Tröndelag, Nordland, Troms, Finnmark. Außerdem: die Inseln von Svalbard (Spitzbergen).

Gleichmut

Es kann einen schon erschrekken: In vielen Dingen sind Norweger von einem Gleichmut, der anderen europäischen Völkern schwer verständlich ist. Jeder ist zwar immer bereit, das eigene Leben zu wagen, um Schiffbrüchige zu retten. Aber das halb zertrümmerte Boot der Verunglückten bleibt am Ufer liegen, bis es nach ein paar Jahren von allein vergeht. Die nassen Plünnen, die man den Opfern vor der Haustür ausgezogen hat, sie werden ziemlich sicher auch in drei Wochen dort noch liegen. Zwei Uralt-Autos hinter dem Haus, vom Rost schon fast zerfressen, Kühlschränke und alte Schiffsmotoren von der Mole in die See gekippt. Jeder Gast wird dieses Bild sehen und sich wundern. So viel landschaftliche Schönheit und solche Unvernunft. Viel Arbeit für die Umweltschützer! Erste Erfolge bei Winter-Olympia 1994 in Lillehammer, als »grüne« Spiele proklamiert: Wo Blümchen einer Rennstrecke weichen mußten, wurden sie »geparkt« und nach den Spielen zurückgepflanzt.

Hilfsbereitschaft

Wenn vor tausend Jahren ein Wiking-Bauer jung starb, war es selbstverständlich, daß seine Nachbarn die Bewirtschaftung des Hofes — gegen Gotteslohn, versteht sich — übernahmen, bis der älteste Sohn des Toten so alt und erfahren war, daß er allein den Hof beackern und Mutter und Geschwister versorgen konnte. Ein Mann, der Invalide wurde, hatte vor Schaffung der staatlichen Versorgung im Haus des Vaters, Bruders oder Schwagers ohne große Worte unbefristet Bleibe und Brot. Wer heute mit einer Panne liegenbleibt, braucht nie lange zu warten bis ein Wagen anhält, ihn abschleppt oder über das weit verbreitete »Mobiltelefon« aus dem Auto fachmännische Hilfe herbeiholt. Niemand erwartet für solche Hilfsleistungen ein Trinkgeld, oft würde es als Kränkung empfunden.

Königshaus

Die Norweger finden ihren König Harald ganz in Ordnung. »Er ist richtig einer von uns«, ist das höchste Lob, das sie für ihren Monarchen haben. Dessen Vater Olav war ein wahres Prachtexemplar von einem König. Würdig, intelligent, humorvoll, ein Landesvater wie aus dem Bilderbuch. Er starb 1991.

Die Norweger haben nicht immer so viel Glück mit ihren Königen gehabt. Zu Wikingerzeiten machten sich einige Häuptlinge zu »Jarlen«, zu Kleinkönigen, die heftig Krieg miteinander führten, den die Untertanen meist schlechter bekam als ihnen selbst. Schließlich setzte einer sich durch, einte das Reich, aber dann kamen Hansekaufleute aus vielen Ländern Mitteleuropas, machten sich in Bergen breit, und bald gaben sie in Norwegen den Ton an. Dann verlor Norwegen seine Selbständigkeit und wurde dänische Provinz — besser gesagt: Kolonie. Das Land wurde ausgebeutet und verarmte. 1814 aber gaben sich die Norweger eine eigene Verfassung und holten sich, es fügte sich so, einen eigenen König dänischer Abstammung. Das mißfiel den Schweden. Sie griffen ein und an, es ging alles sehr schnell, nach ein paar Wochen war Schwedens König auch König von Norwegen, anerkannte aber die neue Verfassung. Wirtschaftlicher Aufschwung, Bevölkerungsexplosion — heute leben in den USA ebensoviele Norweger wie in der Heimat —, der Wunsch nach Selbständigkeit wuchs. 1905 einigte man sich mit Schweden — friedlich. Vielleicht geht so etwas nur in Skandinavien. Nun wollte man auch einen eigenen König. Im Land gab es keinen geeigneten Adel, also fragte man den Prinzen Carl, einen Dänen, ob er nicht . . . Carl war bereit, nahm den Namen Haakon an — heute würde man das Håkon schreiben — und regierte das Land zu allgemeiner Zufriedenheit 52 Jahre lang. Ein sehr großer, sehr hagerer Mann, angesehen, geachtet, ja, geliebt. Er war Olavs Vater.

Militär

Norwegens junge Männer müssen, wie viele in anderen Ländern auch, zur Armee, zur Marine oder der Luftwaffe. Mit anderen Worten: es herrscht Wehrpflicht. Diese erfüllen sie hier so gern oder so ungern wie andernorts andere junge Männer. Allerdings ist die Frage des »Soldatenspielens« keine, über die man groß diskutieren müßte. Lästig wie Schule, Masern oder Ohrenwaschen, aber kein Grund sich

aufzuregen. Daß diese Frage so gelassen betrachtet wird, verdankt Norwegen seinen ersten Nachkriegsregierungen. Mit der Neutralität in zwei Weltkriegen hat man schlechte Erfahrungen gemacht. Im Ersten verlor man trotzdem den größten Teil seiner Handelsflotte, im Zweiten schlugen sich Deutsche und Alliierte auf norwegischem Boden, bis die Wehrmacht (vorläufig) gewann. Norwegen fand deshalb 1949 den Weg in die Nato. Aber mit Einschränkungen. Immer darauf bedacht, die bis vor kurzem mächtige Sowjetunion nicht zu reizen, beschloß Norwegen, der Nato beizutreten, aber keine fremden Truppen auf seinem Territorium zu dulden. Geschweige denn fremde Waffen. Und Atomwaffen grundsätzlich schon mal gar nicht.

Mitternachtssonne

Nördlich des Polarkreises (66 °, 33′ Nord) geht die Sonne im Sommer nicht unter. Faustregel: je weiter nördlich, desto länger dauert die Helligkeit (und die entsprechend lange Nacht im Winter). Die hellen Nächte machen aktiv, der Körper kommt mit weniger Schlaf aus. *Midnatsol* herrscht am *Nordkap vom 13. Mai—29. Juli* und in *Hammerfest vom 16. Mai—27. Juli, Tromsö vom 20. Mai—22. Juli, Svolvær/Lofoten vom 28. Mai—14. Juli* und in *Bodö vom 4. Juni—8. Juli.*

Religion

Norweger sind Protestanten, evangelisch also. Das ging bei der Reformation ziemlich reibungslos. Der König hatte es eines Tages so verfügt. Es war den Leuten ziemlich egal. Sie hatten schreckliche Seuchen-Epidemien hinter sich, ganz Norwegen zählte erst wieder wenig über 200 000 Köpfe, die Armut war unbeschreiblich, da hatte man andere Sorgen. Wie überall werden heute die Kirchen immer leerer, aber man geht zur Konfirmation und läßt sich beim Pastor trauen. Wer sehr aufgeregt ist, darf es am Tag vor der Hochzeit unter priesterlicher Anleitung richtig mit Orgelspiel und Ringwechsel und kleiner Predigt üben. Selbstverständlich ohne Zeugen.

Die Samen halten ihre Traditionen nur mit Mühe aufrecht

Samen

Eines haben die Samen in den letzten Jahren erreicht: daß sie immer seltener »Lappen« genannt werden. In Kautokeino gibt es heute das von Oslo geförderte Institut der nordischen Samen, das die Rechte der samischen Minderheit mit Nachdruck und Erfolg vertritt. In Norwegen, wo mit über 20 000 zwei Drittel aller Samen leben, bemüht sich der Staat, die jahrhundertelange Ausbeutung der seit dem Ende der Eiszeit ansässigen Urbevölkerung wiedergutzumachen. Das ist schwierig: Die Rentierzucht – nur noch zehn Prozent sind echte Rentier-Samen – ist nicht mehr rentabel, die Wald-Samen, vor allem in Tröndelag und Nordland ansässig, betreiben nebenher etwas Viehzucht und, seltener, Ackerbau. Die See-Samen leben vorwiegend vom Fischfang, teils auf Binnengewässern, teils als Seefischer. Beides ernährt seinen Mann kaum noch. So nehmen denn immer mehr Samen Arbeit in Industrie und Handwerk an, wenn es denn in Nordnorwegen Arbeit gibt. Die sozialen Probleme wachsen, die einst so fest gefügten Familienverbände lockern sich, Traditionen geraten in Vergessenheit. Auch hier versucht das Institut in Kautokeino gegenzusteuern. Brauchtum und Sprache werden gepflegt, überkommene Handarbeiten für Frauen und Männer am Leben erhalten: Weben, Nähen, Flechten aus Birkenrinde und Wurzeln, Schnitzereien aus Holz und Horn, Messerschmieden, Ziehen von Silberdraht für vielerlei Schmuck. Die Samen sind geschickt, manche anerkannte Künstler unter ihnen arbeiten mit nichts als dem »Finnenmesser«. Dennoch: Viele machen Massenware für die Souvenirstände, ziehen im Sommer hinunter bis Jotunheimen, stellen ihr Zelt an die Touristenrouten, verkaufen Ramsch und lassen sich für Geld fotografieren. Ein Bild, das jedem weh tut, der sie noch in der Unendlichkeit der Tundren im hohen Norden erlebt hat. Viele sind längst Sozialempfänger, Alkohol bedroht große Teile dieses alten Volkes. Aber es gibt auch Ansätze einer Wende zum Besseren.

Skilaufen

Norweger behaupten von sich, sie würden mit Skiern an den Füßen geboren. Tatsächlich hat man Ski gefunden, die 2600 Jahre alt sind. Fast alle Norweger laufen Ski, mehr Langlauf als Abfahrt, aber die Zahl der Skilifte nimmt zu, von Oslo bis nach Finnmark. Doch vor Olympia '94 in Lillehammer gab es eine Leistungsexplosion in allen Disziplinen. In höheren Lagen bleibt es schneesicher bis über Ostern. An etlichen Orten ist Skilauf ganzjährig möglich. Mit Olympia Lillehammer demonstrierten die Norweger, daß die Weltspiele auch ohne Gigantismus möglich sind. Viele Einrichtungen blieben erhalten und dienen nun allen, natürlich auch den Touristen.

Stabkirchen

Stabkirchen sind immer ausschließlich aus Holz. Sie stammen aus dem 11. bis 16. Jahrhundert. Grundsätzlicher Unterschied zu den Blockhäusern alter Bauernhöfe: Beim Blockhaus sind alle tragenden Wände aus waagerecht liegenden, aufeinander geschichteten Stämmen (Balken) gefertigt. Die Stabkirche dagegen ist an einem *stav* oder bis zu 20 *staver*, senkrecht stehenden Masten (Stäben, Ständern) aufgehängt. Ebenso wie Fenster sind Zwischendecken und Ausmalungen spätere Zufügungen. Auch Kreuze auf den Dächern sind »jung«, während die Drachenköpfe auf vielen Kirchen stets aus der Frühzeit stammen, Erbe aus Winkingertagen. Einst gab es fast 1000, heute gibt es noch knapp 30 Stabkirchen, manche so stark umgebaut, daß sie kaum noch zu erkennen sind. Die meisten liegen im Südwesten. Auf einer Rundreise ab Oslo kann man auf gut 1000 Kilometer 15 alte Stabkirchen besichtigen. Manche sind abgeschlossen — in den Nachbarhäusern herumfragen. Irgendwer hat immer einen Schlüssel und macht auch auf.

Nr. 1 steht im *Folkemuseum* auf *Bygdöy* in *Oslo*. Sie ist aus *Gol* umgesetzt worden. Nr. 2 *(E 16 Richtung Fagernes): Hedal*, (nicht Heddal!) ist stark umgebaut, Nr. 3: *Reinli*, Wehrkirche aus dem 13. Jahrhundert. Nr. 4:

Skilaufen ist mancherorts das ganze Jahr möglich

18

Lomen (zwischen *Fagernes* und *Sognefjord, weiter E 16*), stark umgebaut. Nr. 5: *Hurum*, von außen verbrettert, daher nicht gleich als Stabkirche zu erkennen. Ebenso Nr. 6: *Öye*, die kleine Fischerkirche. Nr. 7: *Borgund* (immer noch E 16) gilt als die schönste Stabkirche, sicher ist sie die meistbesuchte. Mit der Fähre von *Revsnes* nach *Kaupanger* (Straßen 5/55). Nr. 8 steht dort behäbig und sicher auf ihren 20 *staver*. Nr. 9: *Urnes*, die älteste der erhaltenen Kirchen, 1060 wurde sie begonnen, ihre Schnitzereien sind berühmt. Nr. 10: *Lom*. Außen stark umgebaut, innen sehr schön erhalten (ohne Fenster!), 20 *staver*, in der Höhe durch Andreaskreuze verbunden — hier kein Ausdruck frommen Christentums, sondern uraltes wiking'sches Bauelement. Nr. 11: *Vågå* oder *Vågåmo* (Straße 15). Im 16. Jahrhundert stark verändert, erhalten blieben die Drachen über den Türbögen, wohl die ältesten Schnitzwerke an Kirchen. Nr. 12: *Hegge*, dicht vor *Fagernes* (Straße 51), durch Umbauten stark verändert. Interessante Schnitzereien über der Zwischendecke: Odin-Wotan, der einäugige Germanengott. Nr. 13. Abstecher nach *Uvdal* (Straße 40): stark verändert, aber hübsche Rosenmalerei. Nr. 14: *Nore*, war einst einmastig, wurde nach 1700 erweitert und ausgemalt. Nr. 15: *Heddal* (Straße 11), Norwegens größte Stabkirche, leider um 1850 stark verändert, besonders innen. Zum Glück erhalten: die Schnitzereien an den Portalen (13. Jh.).

Tiere

Die Menschen im heutigen Norwegen sind seit fast zehntausend Jahren, damals gab das Eis das Land frei, Fischer und Bauern zugleich. Archäologen haben es nachgewiesen. Das ist bei den vielen Männern bis heute so geblieben. Nur ein Beruf würde die Familie nicht ernähren, also macht man beide. Das gezähmte Ren — oder das wilde als Jagdbeute — kam mit den Samen aus Osten. Elch, Bär, Luchs, Vielfraß und viele Vögel stellten sich ein. Rind, Schaf und Pferd folgten, und Wölfe und daraus entwickelte sich bald das erste richtige Haustier, der Hund. Er half bei der Jagd, beim Hüten der Rentiere, als Zugtier vorm Schlitten, bald wurde er »Familienmitglied«. Das ist er bis heute geblieben. Fairer Umgang mit Tieren ist meist selbstverständlich. Merkwürdigerweise gilt das nicht für Wale, Robben und andere Meeressäuger, die reichlich unschön abgeschlachtet werden oder wurden. Im Gegensatz dazu geht man mit Pferd, lange Zeit neben dem Boot das wichtigste Verkehrsmittel, Rind und Schaf besser um; man muß sie eben bei Verlust mit barem Geld ersetzen. Den Schafen und Ziegen gehört oft die Straße. Sie liegen dort gern, weil der Asphalt schneller trocknet als Erde, Leitplanken geben Wind- oder Sonnenschutz. Daß jeder Autofahrer bremst, scheinen die Tiere zu wissen. Sie stehen oft nur unwillig auf. Ein Schaf totzufahren, gibt »echt« Ärger. Auch bei Rentieren ist man besonders rücksichtsvoll. Ölkiesstraßen werden manchmal mit Salz abgestreut, damit sie nicht so stauben, denn Salz hält die Feuchtigkeit fest. Dann sind Rentiere, die das Salz auflecken, dort oft kaum zu vertreiben.

Viel Fisch, aber nicht nur Fisch

Die norwegische Küche gilt als einfallslos. Aber da kann man schon mal sein blaues Wunder erleben

Essen

In einem Land mit zweieinhalbtausend Kilometer Küste und vielen tausend Binnenseen muß einfach Fisch auf den Tisch. Tatsächlich gehören die Norweger zu den Völkern der Erde, die am meisten Fisch essen. Jede Landschaft hat ihre Spezialitäten, aber *torsk* (Dorsch), *sei* (Seelachs, Köhler) und *sild* (Hering) sind immer dabei. Der Hering wird meist eingelegt auf vielerlei Weise. Mir geht nichts über *kryddersild* (Kräuterhering), aber das ist natürlich Geschmacksache. Dorsch kann man schlicht kochen, das ist in Norwegen ein gängiges Alltagsessen. Dazu gibt es oft Kohl und Kartoffeln. Norwegische Kartoffeln sind ein Kapitel für sich, oft sind sie weiß und zerfallen, oft sind sie auch, na, sagen wir mal: »aldente«, nicht so ganz gar!

Doch zurück zum Dorsch! Da gibt es eine Menge Spezialrezepte. *Törrfisk* (Stockfisch) gekonnt

Für ihren Lachs, in allen denkbaren und undenkbaren Variationen, ist die norwegische Küche weltberühmt

zubereitet, schmeckt viel besser als die sperrigen trocknen Knüppel vermuten lassen. An der Küste hat jede Hausfrau einen Vorrat *törrfisk* hinterm Haus, am Schuppen, am Balkon. Dort bleibt er, bis sie ihn zum Kochen einweicht. Wichtig: Möglichst spät im Frühjahr soll er gefangen sein, das gibt die beste Qualität. Eine spezielle Abart ist *lutefisk*, angetrockneter und dann gekochter Dorsch. Man bekommt ihn kaum später als Ende April, Anfang Mai angeboten. Den muß man mögen. Da gibt es Verwandtschaft mit einem Hähnchen vom Typ Gummiadler. Allerdings: *lutefisk* gilt vielen als Delikatesse. Das ist ebenso mit *Dorschrogen* und *Dorschleber*. Da habe ich lange gezögert, bis ich sie probierte: Schmecken überraschend gut. Ich war zu oft im *sjöhus* eines Fischhändlers, wo der Fang angelandet, ausgenommen und verarbeitet wird. Darum habe ich *Dorschzungen* nie mit dem rechten Genuß essen können, dabei sind sie die teuerste Fischdelikatesse Norwegens. Es ist das alte Vorrecht der Kinder, in der winterlichen

Fangsaison die Dorschzungen aus den Köpfen herauszuschneiden und auf eigene Rechnung teuer zu verkaufen. Die Zungen schmecken übrigens ähnlich wie frittierte Austern.

Fiskeboller (Fischklopse oder -klöße), gekocht oder gebraten, sollte man möglichst nicht im Restaurant essen und nicht tiefgefroren im Supermarkt kaufen. Aber die Einladung einer Hausfrau zu diesem Essen dankbar annehmen! Dorsch und *hyse* (Schellfisch), sehr fein durch den Wolf gedreht, gehören mindestens hinein. Der Rest bleibt geheim. Jede Norwegerin hat ihr eigenes Rezept, das sie nur den Töchtern weitergibt. Wenn in einem ordentlichen Restaurant *kveite* (Heilbutt) oder *breiflapp* (Seeteufel), gekocht oder gebraten, auf der Speisekarte stehen, greifen Sie zu – erstklassiger Fisch, mit dem norwegische Köche umgehen können, ebenso mit *stenbit* (Steinbeißer). Aber norwegische Hausfrauen können das auch! Hummer und *reker* (Krabben) gibt es in guter Qualität. Frische *örret* (Forelle) bekommt man aus Süßwasser. Und dann natürlich *laks*! Wildlachs ist wahnwitzig teuer und nur in großen Restaurants zu bekommen. Farmlachs drängte zeitweilig in solchen Mengen auf den Markt, daß Lachs billiger zu kaufen war als Dorsch. Das mag sich schon in diesem Jahr ändern. Wenn Sie *graved laks* (marinierten Lachs) kaufen wollen, fragen Sie am besten ein paar Norweger im Ort nach einer guten Quelle. Die eingeschweißte Supermarktware kann sehr unterschiedlich sein. Das gilt ebenso für Räucherlachs. Einige Fischer oder Fischhändler räuchern selbst. Jeder hat *sein* Rezept. Salz und Zucker spielen eine Rolle, die Trockenzeiten des Fischs vor und nach dem Räuchern, die Temperatur im Kühlraum. Bitte beachten: Man kann Lachs einfrieren, auftauen, dann räuchern. Man kann ihn auch räuchern und dann einfrieren. Nur: frisch gefrosteten und dann aufgetaut geräucherten Fisch darf man nicht erneut einfrieren. Wenn ein Fischer aus seiner Tiefkühltruhe einen gefrosteten Lachs verkauft, ist der zwar eingeschweißt, aber meist nicht ausgenommen. Das macht nichts, die Fischer tun es absichtlich. Auch beim Räucherlachs gilt: Einheimische fragen, im *turistkontor*, an der Tankstelle. Über die Preise ist derzeit kaum etwas zu sagen. Der Preis war so tief im Keller, daß man in den kommenden Jahren wohl wieder mit steigenden Forderungen rechnen muß.

Fleisch wird in Norwegens Restaurants eher nachlässiger zubereitet als im übrigen Mitteleuropa. Zwei Spezialitäten jedoch: *reindyr* (Ren), das in sehr unterschiedlicher Weise angerichtet wird und fast immer ausgezeichnet schmeckt. Dazu gehören *tyttebærer* (Preiselbeeren). Die zweite Spezialität: *rype* (Schneehuhn), vorwiegend im Norden. Ißt man (teuer) am besten im Restaurant. Ob man einen langweiligen wachtelgroßen Vogel oder eine Delikatesse auf dem Teller findet, liegt am Koch und dessen Tagesform. Wenn die Reisekasse es hergibt: versuchen!

Norwegische Hausfrauen sind Meisterinnen in Desserts und Kuchenbacken. Auch viele Hotelköche eifern ihnen mit Er-

Gutes Essen und unkomplizierte Gemütlichkeit gehören in Norwegens Restaurants zusammen

folg nach. In kleineren Gasthöfen kann Ihnen allerdings Erstaunliches widerfahren, wie etwa halbroher, ungeschälter und ungeschnittener Rhabarber mit etwas Eischaum drüber. In solchen Fällen treffen Proteste auf Unverständnis. Wo immer sie Ihnen angeboten wird: Probieren Sie *römmegröd* (Gerstengrütze mit saurer Sahne, Butter, Zucker; eigentlich ein Weihnachtsessen, sehr typisch).

Drei Hauptmahlzeiten sind in Norwegen üblich: *Frokost*, oft mit Rührei, entspricht unserm Frühstück. Die Hauptmahlzeit wird entweder mittags oder abends gegessen. Mittags heißt sie *middagsmat*, abends *aftensmat*. Danach trinkt man Kaffee.

Trinken

Kaffee wurde schon erwähnt. Den gibt es natürlich auch zum Frühstück. Tee findet man meist nur in Aufgußbeuteln. Zu Haus

trinkt man viel Milch, auch einfach Wasser zu den Mahlzeiten oder ein einheimisches Bier. Wein kommt in Mode, ist aber teuer. Was die EU-Länder von Griechenland bis Spanien den arglosen Norwegern als »guten Wein« andrehen, ist ein Skandal. Der steigende Weinverbrauch hat den Schnapskonsum sinken lassen. Teuer, aber in der Qualität unerreicht: *Linie-Aquavit*.

Restaurants

Die großen Hotels haben meist international geführte Restaurants, die zu den teuersten Europas zählen. Mit Fisch ist man oft besser bedient als mit Fleisch. Billiger kommt man in den vielen Selbstbedienungsrestaurants, Kiosken weg, mit belegten Broten, Würstchen, Hamburgern, und in *Gatekjökken* (Straßenküchen), man ißt im Stehen auf der Straße, alles, was durch die Luke verkauft wird.

Kunstgewerbliches aus Wolle oder Holz

Ob warme Norwegerpullis, geschnitzte Holzlöffel oder Stickbilder — Sie finden alles bei »Husfliden«

Vorweg: Norwegen ist nicht unbedingt ein Einkaufsparadies. Erstens ist das meiste teuer, und dann ist das Angebot — abgesehen einmal von den international bekannten Markenboutiquen und Läden in Oslo — in den Städten begrenzt, auf dem Land schlicht nicht vorhanden. Wenn Sie also auf der Suche nach schikken Kleidern oder Designer-Schuhen sind, wird Ihre Suche in Norwegen wohl vergeblich sein. Aber wenn Sie den Lieben daheim etwas Norwegisches mitbringen wollen, gibt es außer den weltweit angebotenen Souvenirs ostasiatischer Produktion auch ein paar hübsche Dinge garantiert heimischen Ursprungs. Obenan: Norweger-Jacken und -Pullover, in vielen Geschäften, immer aber bei *Husfliden*, den Kunstgewerbeläden, die es in jeder Stadt gibt. Dort finden Sie gleichzeitig auch Wolle zum Selbststricken, Schnitzarbeiten

Bei »Husfliden«, den Kunstgewerbeläden, finden Sie garantiert Norwegisches, vor allem Gestricktes und Gewebtes

aller Art vom traditionellen Hochzeitslöffel bis zu den zwar einheitlichen, aber handgeschnitzten und hübschen bunt bemalten Figuren. Auch den in Norwegen (ebenso wie die Büroklammer) erfundenen Käsehobel gibt es dort. In Haushaltsgeschäften bekommt man gutes heimisches Porzellan *(Porsgrunn)*, Glaswaren *(Hadeland)* und Bestecke. Bei Silberschmuck und Zinn findet man viel »Wikingermotive«. In Lappland empfehlen sich samische Flechtwaren aus Birke, Kiefernspan und feinem Wurzelwerk, hölzerne Tassen und Kellen aus Salweide, Löffel aus Rentierhorn, Messer. Rentierfelle sehen hübsch aus, leider haaren sie zu Haus fast alle nach kurzer Zeit wie Nachbars Katze. Das gilt leider auch für warme Hausschuhe aus Rentierfell — die man eigentlich nie braucht. In Norwegens Wohnungen, auch in vielen Arztpraxen, läßt man die Schuhe vor der Flurtür und geht auf Strümpfen. Sehr hübsch bei *Husfliden*: gestickte Bilder, abgepackt auch das komplette Material, um solch ein Bild selbst zu sticken.

Feste rund um Jazz, Theater und Ski

Norweger sind nicht so nüchtern wie ihr Ruf: viel Spektakel um Sport und Musik

OFFIZIELLE FEIERTAGE

Nationalfeiertage sind der *1. Januar* und der *17. Mai*. *Gründonnerstag, Karfreitag, Ostern*, 1. Mai, *Himmelfahrt, Pfingsten* und *Weihnachten* werden wie in den meisten europäischen Staaten gefeiert. Dazu *jonsok*, der *23. Juni*, mit Feuern und Feiern zur Sommersonnenwende.

REGIONALE FESTE

In Norwegens *fylker*, Bezirken, wird das ganze Jahr gefeiert. Hier finden Sie die wichtigsten Ereignisse jedes Bezirkes:

Oslo

Mitte März *Bootsmesse und Handelsmesse* und auch ★ *Holmenkollen-Skifestival*. Juni–August *Holmenkollen Sommer Festival, Eurovisions-Konzert. Kultursommer in der Festung Akershus*. Juni/Juli *Sommer Opera*. Juli *Bislet-Leichtathle-*

Norweger haben ein ausgeprägtes Nationalbewußtsein. Am 17. Mai, dem Nationalfeiertag, herrscht auf Oslos Straßen Hochstimmung

tik. Juli/Anfang August *Jazzfestival*. Anfang August *Morwag-Cup* größtes Jugendfußballturnier der Welt. Ende September *Modewoche*

Akershus

Ende Juni *Rock/Pop-Festival Baerum*. Mitte August *Sommer-Skispringen Rælingen*

Östfold

Ende Mai/Anfang Juni *Musikfestival Rock-Klassik Sarpsborg*. Anfang Juli *Amateurtheater-Festival Halden*

Vestfold

Juni/Juli *Sommertheater Sjöbo-Amphitheater*. Ende Juni *Festspiele in Vestfold*, verschiedene Orte. Mitte August *Holzbootfestival Tjöme*

Buskerud

Ende April *Skarve-Skirennen Geilo*. Anfang Juni *Musikfestival/Festspiele Nesbyen*. Anfang Juli *Internationales Jazzfestival Kongsberg*. Anfang August *Holsdagen in Hol*: Historische Bauernhochzeit. Ende August *Drammentage Drammen*. Anfang September *Leichtath-*

letik für Kinder, Kongsberg. Anfang Oktober *Internationales Marathon, Drammen*

Oppland
Mitte März *Birkebeiner-Skivolkslauf Lillehammer.* Anfang Juni *der Gebirgsmarathon Valdresflya-Beitostölen.* Ende Juli *Mitternachts-Fackelskirennen Galdhöppigen.* Anfang August *Freilufttheater Vinstra.* Ende August *Festspiele Gjövik*

Telemark
Ende Mai *Kindertag Porsgrunn.* September *Kunst/Kulturausstellung/Volksfest Brevik*

Sörlandet
Mitte März *Filmfestival Kristiansand.* Anfang Juli *Kaper-Tage Kultur/Unterhaltung Farsund.* 2. Juli-Wochenende *Setesdal-Festival*

Rogaland
Ende Juni *Angelfestival Sjernaröy.* Ende Juli *Angelfestival Fogn.* August *Sildajazz Haugesund und Internationales Filmfestival Haugesund.* Anfang September *Lachsfestival Suldalslågen*

Hordaland
Ende März *Vossa-Jazz Voss.* Ende April *Skarve-Skirennen von Finse nach Ustaoset.* Ende Mai/Anfang Juni *Internationales Musikfestival Bergen.* Mitte Juni *Griegfestival Lofthus.* Juli–September ★ *Musik bei Grieg – Konzerte auf Troldhaugen.* Anfang Juli *Musikfestival/Kabarett/Rock/Jazz/Angelfestival Bergen*

*Allein das Holmenkollen-Skifestival im März lohnt die Norwegenreise.
Kein skibegeisterter Osloer läßt es aus*

MARCO POLO TIPS FÜR FESTE

1 Angelfestival in Harstad
Unter den vielen Angel-
festivals ist das in Har-
stad (Vesterålen) das
größte (Seite 29)

2 Holmenkollen-Skifestival
Wenn Mitte März die Ski-
springer von der Schanze
fliegen, ist halb Oslo auf
den Beinen, die Königs-
familie eingeschlossen
(Seite 27)

**3 Internationales Jazz-
festival in Molde**
Es gibt viele Jazzfestivals
in Norwegen. Das in

Molde (Mitte Juli) hat
internationalen Ruf
(Seite 29)

4 Musik bei Grieg
Im Garten der Grieg-Villa
bei Bergen von Juli bis
September »Konzerte auf
Troldhaugen« (Seite 28)

5 Samen-Hochzeit
Ostern, das große
Samenfest in Kautokeino
und Karasjok mit vielen
Hochzeiten, Taufen, Ren-
tier- und Hunderennen
(Seite 29)

Sogn og Fjordane
Ende Mai *Mittelaltermesse Lærdal*.
Mitte Juni *Målöytage Målöy*.
Anfang Juli *Vestkappfestival Selje*

Möre og Romsdal
Ende Mai *Rundemarsch Runde*.
Ende Juni *Trollstigrennen Alpin
Åndalsnes*. Ende Juni *Romsdals-
marsch Rauma*. Mitte Juli ★ *Inter-
nationales Jazzfestival in Molde*

Tröndelag
Mitte Juni *Musikfestival Trond-
heim*. Ende Juni *Radrennen Trond-
heim—Oslo, Den store styrkepröven
(Die große Kraftprobe) (540 km) für
alle*. Ende Juli *Spiel um den hl. Olav
Stiklestad*. August *Grubenmarsch
Röros*

Nordland
Mai *Lofot-Marsch Ramberg*. Ende
Mai *Marathon Kiruna—Narvik*.
Mitte Juni *Marathon Sandnessjöen*.
Mitte Juni *Bodö-Woche*. Ende Juni
Nordlandbootregatta Terråk. Ende

Juni *Vesterålen-Festival Sortland*.
Anfang Juli *Fischerfest Andenes*.
Ende Juli *Melbu-Festival Melbu*.
Ende Juli *Nordland-Musikwoche
Bodö*. Mitte August *Nordlandboot-
Regatta Brönnöysund*

Troms
Januar *Nordlichtfestival Tromsö*.
Anfang Juni *Sängerfest Tromsö*. En-
de Juni *Festspiele Harstad*. Anfang
Juli *Stein- und Mineralienmesse
Bardu*. Mitte Juli ★ *Angelfestival
Harstad*. Ende Juli *Nordisches Cara-
vantreffen Harstad*.

Finnmark
Anfang März *750-km-Rennen für
Schlittenhunde Alta*. Ostern ★ *Sa-
men-Hochzeit samisches Fest mit
Rentierrennen/Kultur Kautokeino
und Karasjok*. Mitte Juni *Nordkap-
festival Honningsvåg*. Mitte Juli
*Lachsfestival, Angelwettbewerb
Neidenelva*. August *Kirkenestage
Kirkenes*. Mitte August *Varanger-
festival/Jazz Vadsö*

Schon weit unten ist der ganze Norden

Sie müssen nicht bis zum Polarkreis. Denn in Südnorwegen finden Sie alles, was Sie vom Norden erwarten

Es gibt viele gute Gründe, sich bei Ihren ersten Norwegen-Reisen auf den Süden des Landes zu beschränken: Er hat auf relativ kompaktem Raum all das, was der Gast von Norwegen, dem »Weg nach Norden«, erwartet: Fjorde und Bergseen, Gebirge und die weite Einsamkeit men-

Oslos Hauptstraße »Karl Johans« mit dem Schloß

schenleerer Hochflächen, schier unendliche Wälder, gewaltige Wasserfälle über lieblichen Mittelgebirgstälern. Die Südküste, Norwegens Riviera, ist fast so warm wie eine Badeküste in Mitteleuropa. Oft allerdings fehlt der Strand, dafür gibt es Tausende rundgewaschener Felsbuckel, die Schären, wie geschaffen, um dort mit oder ohne Bikini sich in der Sonne zu aalen. Oder auf einem der ungezählten Boote in

---

Hotel- und Restaurantpreise

Hotels
Kategorie 1: über 100 Mark
Kategorie 2: 50 bis 100 Mark
Kategorie 3: bis 50 Mark
Die Preise gelten für eine Person im Doppelzimmer mit Frühstück pro Nacht. Mit Hotelpaß oder bei Buchung in Hotelketten Ermäßigung möglich.

Restaurants
Kategorie 1: über 50 Mark
Kategorie 2: 30 bis 50 Mark
Kategorie 3: unter 30 Mark

Die Preise gelten für ein Essen mit Vor-, Haupt- und Nachspeise incl. Alkohol. Preiswerter nur in Selbstbedienungsrestaurants, an Imbißständen, Kiosken und Gatekjökken (Straßenküchen, oft ohne Sitzgelegenheit). Einfach, aber nicht schlecht

Wichtige Abkürzungen
gt. gate (Straße)
pl. plass (Platz)
v. vei (Weg, Straße)

dem Gewirr der Wasserstraßen herumzuschippern. Der Süden ist dichter besiedelt als die anderen Bezirke, *fylker*, des Landes. Aber immer bleibt Platz für jeden.

OSLO

So schön Oslo auch liegt: Vielfingrig greift der breite Oslofjord bis tief in die Stadt, Hafen und Zentrum trennen nur ein paar Minuten Fußweg, an sanft ansteigenden Hängen ziehen sich die Wohnstraßen bis in 400 Meter Höhe, immer wieder reicht Wald in die Stadt hinein.

So bezaubernd Oslo also auch sein mag, eines steht leider so fest wie ein norwegischer Felsblock: Dieses Oslo ist eine der teuersten Städte der Welt.

Schon zu Wikingerzeiten war Oslo ein wichtiger Platz. Im Mittelalter wurde es zeitweilig zur Residenz erhoben, ehe die Union mit Dänemark ihm seine Bedeutung nahm. Wiederaufbau durch Christian IV. nach einem Großbrand 1624 unter dem neuen Namen Christiania. Aufschwung nach 1814 während der Personalunion mit Schweden. Neue Namen: 1877 Kristiania, 1925 wieder Oslo.

MARCO POLO TIPS FÜR DEN SÜDEN

1 Hardangervidda
Größtes Hochplateau Europas, 1200—1400 m hoch, südlichste Wild-Ren, ein Wanderparadies (Seite 38)

2 Holmenkollenschanze
Der »Hausberg« der Hauptstadt Oslo ist zwar die meist besuchte Touristenattraktion, aber dort oben ist viel Platz. Traumhafter Ausblick (Seite 33)

3 Jotunheimvei
Abseits des Asphalts in der herrlichen Gebirgswelt. Mit dem Auto befahrbar, aber ungezählte Möglichkeiten nach beiden Seiten für stilles Wandern (Seite 39)

4 Karl Johans Gate
Auf Oslos »Hauptstraße« zwischen Schloß und Parlament weht der Wind der großen weiten Welt: Menschen aller Hautfarben, elegante Geschäfte, Straßenhändler, Biergärten (Seite 33)

5 Munch-museet
Norwegens berühmtestem Maler Edvard Munch ist in Oslo ein ganzes Museum gewidmet (Seite 34)

6 Peer-Gynt-Vei
Parallel zur E6 führt die herrliche Hochgebirgsstraße zu schönen Aussichtsplätzen (Seite 39)

7 Setesdal
Die Süd-Nord-Straße von Kristiansand ins Innere klettert von Null hinauf ins Gebirge, vorbei an vielen uralten Holzhäusern (Seite 38)

Lassen Sie das Auto stehen. Die Parkgebühren im Zentrum sind sehr hoch und dazu kommen 11 nkr Maut (*bompenger*) fürs Fahren in die City. Wer doch das Auto nimmt: Eine Parkbroschüre gibt es kostenlos bei Tankstellen und Hotels. (C 10—11)

AUSSICHT AUF DIE STADT

Holmenkollenschanze

★ Einen phantastischen Blick auf Stadt und Fjord hat man vom Turm der 🔻 *Holmenkollenschanze* (417 m) oder vom 🔻 *Tryvannstårnet* (588 m). Beides mit Holmenkollenbahn ab Nationalmuseum, dazu je 10 Min. Fußweg oder mit Auto.

BESICHTIGUNGEN

Akershus (Schloß und Festung)

Residenz 1319—1380; 1627 Umbau zum Renaissanceschloß. Es wird heute zu Staatsempfängen benutzt. *Besichtigung von Mai bis Sept. tgl. 10—16 Uhr. April und Okt. nur So. Eintritt 5 nkr. Zugang vom Festungsplatz. Freier Zutritt zu den* 🔻 *Festungwällen ganzjährig 6—21 Uhr. Mai bis Okt. nur So Konzerte in der Schloßkirche.*

Det Kongelige Slot (Schloß)

Das Stadtschloß der Königsfamilie am Westende der berühmten *Karl Johans Gate* ist nicht zugänglich, der Schloßpark aber ständig für alle offen. *Wachablösung Mo bis Fr 13.30 Uhr*

Domkirke

Die *Kongensgate* verbindet *Akershus* mit dem Dom am *Stortorget* (*Großer Markt*). Die Kirche, 1697 eingeweiht, wurde vielfach umgebaut. Trotzdem sehenswert!

So nur für Gottesdienst. Mo—Fr 10 bis 15, Sa 10—13 Uhr (Sommer). Sonst 10—13 Uhr

Frognerparken

🚶 Der Park liegt im Westen der Stadt. Sein Zentrum: Die *Vigelandsanlegget*, das überwältigende Lebenswerk des Bildhauers Gustav Vigeland (1869—1943), manches sehr »germanisch«, immer wieder bestaunt der 17 m

17 Meter hoch ragt der Vigeland-Monolith in Oslos Sommerhimmel

hohe Monolith, eine Granitsäule aus über 100 Menschenkörpern. *Haupteingang Kirkeveien, Straßenbahn 2 ab Nationaltheater. Ständig geöffnet, abends beleuchtet*

Karl Johans Gate

★ 🚶 Zwischen Schloß und Parlament: die Bummelmeile der Stadt, Menschen aus aller Herren Ländern, fliegende, oft farbige Händler. In ✪ *Studenterlunden,* den Cafés der schmalen Grünanlage, hockt man stundenlang und trinkt *fatöl,* Faßbier, schales Bier aus großen Plastikbechern. Oder ißt gutes Eis.

Rådhuset (Rathaus)

Das wuchtige Gebäude aus rotem Backstein am *Hafenzentrum Pipervik* beherrscht das Bild, ob man mit Schiff, Auto oder Flugzeug anreist. Erbaut 1933 bis 50, im Inneren berühmte Monumentalmalereien, u.a. von Edvard Munch.

Sightseeing

Grand tur mit Bus und Boot (inkl. Lunch) im Sommer: 10.30–18 Uhr; Bus: 10.30 und 13 Uhr, alle ab Rathaus. Mit Boot ab Rådhusbrygge 3 oder 4. Verschiedene Touren 50–150 Min.

Storting (Parlament)

Dem Schloß »gegenüber« am Ostende der *Karl Johans,* wie die Osloer sagen.

MUSEEN

»Fram«-Museet, »Gjöa« und »Kon-Tiki«

Mit dem Dreimaster *Fram* (Vorwärts), um den heute ein ganzes Haus gebaut ist, stieß Fridtjof Nansen vor 100 Jahren (fast) bis zum Nordpol vor. Er lieh das Schiff Roald Amundsen für dessen Entdeckung des Südpols 1911. Mit *Gjöa* (Freiluft) umsegelte Amundsen 1903/06 als Erster Amerika im Norden. Das Balsaholzfloß *Kon-Tiki* trug Thor Heyerdahl 1947 von Südamerika zu den Osterinseln. *Bygdöy, Tel. 22 12 35 50 (Fram); 22 43 80 50 (Kon-Tiki). Gjöa nicht zugänglich,*

die anderen im Sommer 10–18 Uhr, sonst kürzer; Fram Dez.–März geschl., Eintritt 10 nkr Fram, 15 nkr Kon-Tiki

Henie-Onstad-Kunstsenter

Als Eislaufkönigin Sonja Henie den Osloer Reeder Niels Onstad heiratete, sagte man: Na ja! Dann aber schufen sie (und hinterließen der Allgemeinheit) ihr Zentrum für zeitgenössische Kunst an der *Autobahn nach Drammen, Ausfahrt Bœrum.* Ist schon das Gebäude am Fjord ein Kunstwerk an sich, birgt es außer Dänemarks »Louisiana« die bedeutendste Sammlung moderner Kunst in Nordeuropa. *Hövikodden, Tel. 22 54 30 50. Bus 151, 153, 162 Di–Fr 9–21, Sa, Mo 11 bis 17 Uhr, Eintritt 30 nkr*

Munck-museet

★ Norwegens berühmtester Maler Edvard Munch (1863 bis 1944) vermachte Lebenswerk und Sammlung der Stadt Oslo: 1200 Bilder, 4500 Zeichnungen, 18 000 Graphiken besitzt das Museum. Im Sommer werden die bekanntesten Bilder gezeigt, im Winter Sonderschauen. *Töyengt. 53. Bus 29 nach Töyen. Sommer Di–Sa 10–20, So 12–20 Uhr, Eintritt 20 nkr*

Nationalgalleriet

Gute Bildersammlung. Sehenswerte Munch-Abteilung, dazu skandinavische und europäische Maler von 1800 bis heute. *Universitetsgt. 13, Mo, Mi, Fr 10–16, Do 10–20 Uhr, Di geschl., Eintritt frei*

Norsk Folkemuseum (Norwegisches Volksmuseum)

170 alte Häuser aus Stadt und Land sind hier wiederaufgebaut

worden und zeigen Leben und Wohnen über die Jahrhunderte. Ältestes Gebäude: die (echte) *Stabkirche* aus dem Ort *Gol* von ca. 1200. In einem Stadthaus Henrik Ibsens Arbeitszimmer. *Bygdöy, Tel. 22 43 70 20. Mo—Fr 10 bis 18 (Sommer), So 11—17 Uhr, Winter kürzer. Im Sommer So Volkstanz in alten Tachten. Eintritt 35 nkr*

Norsk Sjöfartsmuseum (Schiffahrtsmuseum)

Direkt am Fjord, großzügig gestaltet, gut gegliedert: alles, was »Seeleute« begeistert. Im Museum das gute *Restaurant Najaden, Kategorie 1 Bygdöy, tgl. 10—20 Uhr im Sommer, sonst kürzer. Eintritt 20 nkr.*

Vikingskipshuset (Wikingerschiffe)

Gleich neben dem Folkemuseum: drei gut erhaltene Wikingerschiffe von ca. 850, darunter das berühmte, reichgeschnitzte Osebergschiff, ein Königinnengrab; die anderen waren Gebrauchsfahrzeuge. *Bygdöy, Tel. 22 43 83 79, Mai—Aug. tgl. 10—18 Uhr, sonst kürzer. Eintritt 20 nkr*

Nicht versäumen: die Wikingerschiffe im Vikingskipshuset

Bagatelle

Norwegens einziges Restaurant mit einem »Stern«. Die Fischgerichte sind Spitze. Teuer! *Bygdöy allé 3, Kategorie 1*

Blom

Beim Umbau des Hauses Stein für Stein abgetragen und später originalgetreu wieder aufgebaut: Der teure Künstlertreff Oslos, gute Küche, im Sommer kleine Karte; wenn drauf, empfehlenswert: Boeuf Stroganoff. *Karl Johansgt. 41 B, Kategorie 1*

Louise

Preiswerter und origineller ißt man im »Louise« im Einkaufszentrum *Aker Brygge* dicht am Rathaus. Sehr maritim: Die Inneneinrichtung war Salon einer Fähre. *Stranden 3, Kategorie 2*

Stephanie

Norwegens Küche in Vollendung. Natürlich Fisch und zum Lunch das große Büfett. *Parkveien 68, Kategorie 1*

. . . und noch drei Cafés

Theatercaféen im »Continental«, ein Hauch von Wien in Oslo. *Stortingsgt. 24.* — *Grand Café* im »Grand Hotel«, einst Henrik Ibsens Stammcafé. *Karl Johansgt. 31.* — *Brödrene Bergh* für alle, die sich »in« fühlen. *Karl Johansgt. 35. Alle Cafés Kategorie 1*

Aker Brygge am *Hafen, Oslo City* an der *Centralstasjon* und *Galleri Oslo*, nicht weit davon, sind Mischungen von vielen kleinen exklusiven Geschäften, Ramschlä-

Legen Sie eine Pause bei den Blumenanlagen vor dem Nationaltheater ein

den, Cafés, Speiselokalen, Imbißständen, ein bißchen Kunst und
Theater. Viele Geschäfte auch
auf der *Karl Johansgt.* und in ihren
Nebenstraßen. Nie zu vergessen
(auch in anderen Städten): *Husfliden*; Kunsthandwerk, Geschnitz-
tes, Gestricktes, Gesticktes, Zinn
und, und, und. Nicht immer
ganz toll, aber nie schlecht. *Möl-
lergt. 4*

HOTELS

Anker Hotel
Mittelklassehotel, 130 Zi. *Storgt.
55. Tel. 22 11 40 05, Kategorie 2*

Grand Hotel
Traditionsreiches Hotel im Zentrum gelegen, gut geführt. 260
Zi. *Karl Johansgt. 31, Tel.
22 42 93 90, Kategorie 1*

Holmenkollen Park Hotel
☀ Favorit des Verfassers. Hoch
über der Stadt dicht an der
Sprungschanze. Zimmer mit
Blick auf die Stadt und Flugplatz
ordern, schriftlich bestätigen
lassen! 170 Zi. *Tel. 22 14 60 90,
Kategorie 1*

SAS Scandinavia Hotel
Modernes internationales Haus,
genügt allen Ansprüchen. 500
Zi. *Holbergsgt. 30. Tel. 22 11 30 00,
Kategorie 1*

SPIEL UND SPORT

Jede Art von Wassersport,
Schwimmen, Leichtathletik
(weltberühmt: das *Bislet-Stadion*),
im Winter Ski (*Holmenkollen*)
und Eislauf. Dicht bei Oslo ist
der Fjord zum Baden zu stark be-

lastet. Die Wasserqualität wird zum Meer hin immer besser. Nähere Informationen in den örtlichen *Turistinformasjon*

AM ABEND

Da werden in Oslo viele Bürgersteige hochgeklappt. Betrieb aber ist immer in *Studenterlunden (Karl Johansgt.)*, in *Aker Brygge* und den davor schwimmenden Kneipen. Das *Nationalteatret*, *Stortingsgt.* spielt auf *bokmål*, *Det Norske Teater, Kristian IV.gt.* auf *nynorsk*, also den beiden offiziellen norwegischen Landessprachen.

AUSKUNFT

Oslo Turistinformasjon
Im alten Westbahnhof zwischen Rathaus und Aker Brygge. Sommer Mo bis Fr 8.30–19, So 9–17 Uhr, Tel. 22 33 43 86

Turistinformasjon im Centralbahnhof
8–24 Uhr außer Feiertage, Tel. 22 17 11 24

ZIELE IN DER UMGEBUNG

Eidsvoll (80 km)
Auf dem Herrenhof Eidsvoll, 80 km nördlich von Oslo, traf sich am 4. April 1814 die erste *riksforsamling*, Reichsversammlung, und verabschiedete das *grundlov*, Norwegens Grundgesetz. Der *rikssal* blieb unverändert. (D 10) *Besichtigung Sommer 10–17 Uhr, sonst kürzer, im Winter nur 12–14 Uhr. Eintritt 10 nkr*

HARDANGERVIDDA

★ Von *Haukeligrend* über *Haukeliseter* nach Westen bis zur Reichs-

straße 13 (bisher 47) nach Norden, ab *Kinsarvik* die 7 nach Osten, erreicht man nach 160 km die *Hardangervidda*, mit 9000 qkm 🌿 größtes Hochplateau Europas (davon sind 3500 qkm Nationalpark). Diese Urlandschaft, 1200–1400 m hoch, ist nur wenige Monate im Jahr schneefrei, die Vegetation ist arktisch, hier leben die südlichsten wilden Rentiere der Welt. Gefahrloses Wandern auf markierten Pfaden. In Schutzhütten übernachten. (B 10)

KRISTIANSAND

Meist wird dem Namen der Stadt an der Südküste noch ein »S.« nachgestellt, damit man sie nicht mit »Kristiansund N.« (N. wie Nord) verwechselt. Typisch für die Stadt (65 000 Ew.) ist der schachbrettförmige Grundriß, den König Christian IV. ihr 1641 nach einem Brand verordnete. Die Stadt an sich ist älter. Heute wichtiger Fährhafen nach Dänemark (1 Mill. Passagiere). (B 12)

BESICHTIGUNG

Oddernes Kirke
Die Kirche stammt von 1040, der Westturm aus Holz kam 1699 hinzu. Der Runenstein vor der Kirche berichtet über deren Bau. *Oddernes Kirke, tgl. außer Sa 9–14 Uhr, Eintritt frei*

MUSEUM

Vest Agder Museum
Eines der bestgeführten und interessantesten Freilichtmuseen Norwegens. *Etwas außerhalb Richtung Osten. Sommer 10–18, So erst ab 12 Uhr, Eintritt 20 nkr*

Bondeheimen
Preiswert, 26 Zi. *Kirkegt. 15, Tel. 38 02 44 40, Kategorie 2*

Turistkontor
Henrik Wergeladsgt. 17, Tel. 38 02 60 65

Kap Lindesnes (80 km)
Südlichster Punkt Norwegens mit einem Leuchtturm von 1915. 85 km westlich von Kristiansand. (B 12)

Mandal (45 km)
»Norwegens sonnigste Stadt«. Der Strand, liegt nur wenige hundert Meter vom Zentrum. Alles ist richtig »hübsch«, das Hotel *Mandalitten (Kategorie 3)* von 1766 empfiehlt sich. Mandal liegt westlich von Kristiansand Richtung Lindesnes. (B 12)

LILLEHAMMER

Stadt der Olympischen Winterspiele 1994. Auch vorher schon ein bekannter Wintersport- und Ferienort nördlich von Oslo an der E 6 nach Trondheim. Lillehammer ist eine junge Stadt ohne historische Bauten. Über die neuen Olympiabauten wird gestritten. *Turistkontor 61 25 92 99.* Wohnen können Sie luxuriös im *Giebigshotel Hornsjö, Höyfjellshotell, Hornsjö, Lillehammer, Tel. 61 26 40 64, Kategorie 1.* Günstiger ist das Familienhotel *Gjestehus Ersgaard, Nordsetterveien 201, Tel. 61 25 06 84, Kategorie 3.* Am Stadtrand hat der Zahnarzt Anders

Sandvig vor hundert Jahren 130 Bauernhäuser, Sennhütten und Handwerkerhäuser gesammelt: *De Sandvigske Samlinger* in *Maihaugen,* Nordeuropas größtes Freilandmuseum. (C 10) *Maihaugen, Tel. 61 25 01 35, Sommer 10 bis 16 Uhr, manchmal bis 18 Uhr. Zugang zu den Werkstätten auch im Winter, tgl. 11–14 Uhr. Eintritt 35 nkr.*

SANDEFJORD

Alte Walfängerstadt am Westufer des Oslofjords mit *Hvalfangsmuseet,* das alles über Wale und Walfang zeigt. (C 11) *Museumsgt. 39, Sommer Mo–Fr 11–16, So bis 17 Uhr. Eintritt 20 nkr*

SETESDAL

Das Setesdal ist – über Straße 39, früher 12 – die große Süd-Nord-Verbindung von Kristiansand aus. Landschaftlich abwechslungsreich, steigt es entlang dem Fluß Otra immer höher, erreicht vor *Haukeligrend* mit 717 m seinen höchsten Punkt, ehe die Straße dort nach Odda abbiegt und über den Hardangerfjord die Verbindung nach Bergen schafft. Typisch fürs Setesdal: alte Blockhäuser und besonders die *staburer,* die auf vier Holzpfosten stehenden ungeziefersicheren Vorratshäuser. (B 11)

STAVANGER

Die einen sagen, Stavanger (95 000 Ew.) sei immer noch eine schöne Stadt. Andere reden nur noch davon, das Öl habe sie kaputtgemacht. Was stimmt? Es gibt das alte Stavanger noch mit Dom vom Beginn des 12. Jhs., die Altstadt mit vielen Holzhäu-

Noch hat die Ölstadt Stavanger schöne Winkel

sern, vor 200 oder mehr Jahren gebaut – und vorwiegend weiß gestrichen. Natürlich, da sind auch die neuen Zweckbauten der Ölfirmen, da ankert vorm Hafen schon mal eine der vielen Bohrinseln, die in immer größerer Zahl das schwarze Gold aus der Nordsee pumpen. (A 11)

AUSKUNFT

Turistinformasjon
Jernbaneveien 3, Tel. 51 53 51 00. Saison Mo–Fr 9–18, Sa und So 9–16 Uhr

ZIELE IN DER UMGEBUNG

Jotunheimvei (Jotunheimweg)
★ Man fährt von *Fagernes* die Straße 51 *(Stabkirche in Hegge)* über starke Steigungen und durch großartige Gebirgslandschaft bis *Bygdin*, um gleich hinter dem 1028 m hoch gelegenen See *Vinstervatn* nach Osten auf den Jotunheimweg abzubiegen, meist auf Schotter und Ölkies. Das ist *hoyfjell* pur mit Bergen und Geröllhalden, Mooren, Bächen, Wasserfällen, Seen – und Ziegen! Schneebedeckte Gipfel im Sommer und viel Wintersport in den kalten Monaten. Die Straße, streckenweise mautpflichtig, trifft (nach 78 km) bei *Vinstra* auf das Ende des *Peer-Gynt-Vei (Peer-Gynt-Weg)* (C 9)

Lysefjord (38 km plus Fähre)
Er ist der südlichste der »richtigen« norwegischen Fjorde, eng, steile Berge, dabei der berühmte *Prekestolen* (Kanzel) mit senkrechten, fast 600 m hohen Felswänden. (B 11) *Autofähre nach Tau, mit Wagen bis Jössang, dann zwei Std. zu Fuß. Sonst: Boot von Stavanger.*

Peer-Gynt-Vei (Peer-Gynt-Weg)
★ Die E 6 von *Lillehammer* verläßt man in *Fåverg* auf der Straße 255 nach Westen. Sie trägt den Namen Peer Gynts, des Abenteurers und Geschichtenerzählers oder -erfinders. Er hat irgendwann zwischen 1600 und 1780 gelebt, wo, ist umstritten. Die Straße gewinnt schnell an Höhe und führt gut 80 km – vorbei an vielen Ski- und Hochgebirgshotels – über eine der schönsten Alm- und Gebirgsstrecken (bis 1035 m hoch mit herrlichen Ausblicken auf Jotunheimen, Rondane und Dovrefjell). (C 9)

Land der Fjorde, Fähren und Fische

Im Fjordland des Westens ist alles wie aus dem Reiseprospekt, nur schöner und aufregender

Filme sind teuer in Norwegen. Man muß genügend mitnehmen, besonders, wenn man nach Westen ins Fjordland fährt. Denn dort kann man einfach nicht widerstehen: Nach jeder Kurve, jeder Paßhöhe, jeder Fjordwindung wird man fast süchtig zur Kamera greifen. Das ist das Norwegen, wie man es aus Büchern und von Kalendern kennt! Da sind die vier großen Fjorde mit dem Hardanger im Süden, denen nach Norden Sognefjord, Nordfjord und Geirangerfjord folgen. Da ist Bergen, das Zentrum des Westlandes, da sind Ålesund, Molde und Kristiansund, alles bedeutende Häfen, Fischereihäfen zumal, denn vor den Fjorden liegen die Fischgründe. Und zwischen den von den Gletschern der Eiszeit bis über 1000 m Wassertiefe ausgehobelten Fjordtälern klettern kühne Straßen in oft abenteuerlichen Kurven und Kehren steile Felswände hoch oder schlängeln

Bergen ist die zweitgrößte Stadt Norwegens und seit Jahrhunderten »das« nordische Handelszentrum

sich über einsame Hochplateaus, von denen manche auch im Sommer auf Skifahrer warten. Wo die Straßenbauer mit Brücke oder Tunnel nicht weiterkamen, liegt eine Fähre. Eine Entfernungsangabe »13 mil og tre færger« versteht jeder Norweger. Eine Meile hat hierzulande 10 km, und die Fährzeiten einschließlich Warten peilt man über den Daumen dazu.

BERGEN

Die Leute von Bergen sind ein Schlag für sich. In vielen Gegenden Norwegens sagt man, sie fühlten sich elitär, hochnäsig, arrogant. Andere entschuldigen Bergens Sinn für Exklusivität mit dem ewigen Regen, da müsse man einfach »so« werden. Tatsächlich pladdert es hier, gießt, nieselt, nebelt oder regnet auch ganz normal und anhaltend ewig vor sich hin, tatsächlich also kommt in keiner anderen Stadt Norwegens so viel Wasser vom Himmel wie in Bergen: gut 2000 mm im Jahr. Oslo hat gerade 600. Der Grund ist einfach: Die wassertragenden Wolken können hier aus Norden, Westen oder Süden kommen, an den Bergen rund um Bergen reißen sie sich die Bäuche auf und regnen ab. Was die Bergener aber nicht hindert, dennoch ein vergnügtes Völkchen zu sein. Wenn an Markttagen einmal die Sonne durchkommt, glaubt man sich auf dem ✝ ✿ Fisch-, Blumen- und Gemüsemarkt am Hafen in Italien, so bunt ist das.

Die Stadt, 200 000 Einwohner und damit Nr. 2 des Landes, war lange Zeit die Nr. 1. Könige haben dort residiert, das *Hansische Kontor* in Bergen hat jahrhundertelang den Handel im Norden beherrscht und große Politik gemacht. Allerdings, es waren Aus-

länder, die an der *Tyske Bryggen* am Hafen regierten, die Stadt und halb Norwegen beherrschten, Deutsche meist. Ihre Handelshäuser sind zwar mehrfach abgebrannt, aber seit dem Mittelalter bis heute immer wieder im gleichen Grundriß aufgebaut worden, so blieben sie ein einzigartiges Dokument. – Wer an Werktagen mit dem Auto in die Stadt will, zahlt *Bom* (Gebühr). In den letzten Jahren pro Fahrt 5 nkr. (A 10)

BESICHTIGUNGEN

Akvarium (Aquarium)
Eines der größten und besten Europas. Nicht nur heimische

MARCO POLO TIPS FÜR DEN WESTEN

1 Borgund Stavkirke (Stabkirche)
Die schönste der rund 30 Stabkirchen (Seite 46)

2 Tyske Bryggen (Deutsche Brücke)
Jahrhunderte lang das bedeutendste Handelszentrum des Nordens in Bergen (Seite 43)

3 Geirangerfjord
Ballung von steilen Bergen, Wasserfällen und kühnen Straßen (Seite 47)

4 Hardangerfjord
Besonders schön die Straße direkt am Nordufer (Seite 45)

5 Sognefjord
Nordwegens längster Fjord ist auch sein tiefster.

Viele Wasserfälle in den Seitenfjorden (Seite 45)

6 Trollstigen
Eine Kette kühner Kehren in fast senkrechter Wand (Seite 47)

7 Vogelinsel Runde
Die südlichste der vielen Brutkolonien an Norwegens Küste (Seite 47)

8 Vestkapp-Stadlandet
Markante Erhebung auf der selten besuchten, sehr reizvollen Halbinsel Stadlandet (Seite 46)

9 Fisketorget (Fischmarkt)
Fisch, Blumen, Obst mit sehr viel fröhlicher Atmosphäre in Bergen (Seite 43)

Fische, auch Exoten, Seehunde und Pinguine. *Am Nordende des Hafens (Vågen), Sommer tgl. 9—20 Uhr, sonst kürzer, Eintritt 25 nkr*

Bergenshus Festning (Bergenshus Festung)

Die Festung am Nordostufer des *Vågen* umfaßt auch die *Håkonshalle*, die 1944 durch eine Explosion schwer beschädigt, nach dem Krieg aber restauriert wurde. Sie dient heute als Festsaal. Außerdem gehört der *Rosenkrantztårn* (-turm) dazu, benannt nach dem Schloßhauptmann, der 1599 das Monopol der Hanse in Bergen brach und auch Norwegern wieder Handel ermöglichte. *Sommer tgl. 10—16 Uhr, sonst kürzer, Eintritt 10 nkr*

Domkirken (Dom)

Weder die älteste noch die schönste Kirche. *Övregt., tgl. 11—14 Uhr außer Sa und So*

Fisketorget (Fischmarkt)

★ ⚡ ✪ Niemand wird einen Besuch des Fischmarktes auslassen! Er liegt ganz am Sack des *Vågen*: Fische frisch vom Kutter, aber auch Blumen, Obst, Gemüse, Souvenirs — sehr viel Atmosphäre. *Markt Mo—Fr 8—15 Uhr. Am Markt Abfahrt der Rundfahrtboote durch Hafen und Stadtfjorde*

Mariakirke (Marienkirche)

Begonnen 1140, prächtiger romanischer Bau, deutsche Kirche 1408—1776. Altar des Lübecker Schnitzers Bernd Notke um 1480. *Dreggen, Sommer Mo—Fr 11—16 Uhr, Eintritt 5 nkr*

Tyske Bryggen (Deutsche Brücke)

★ ⚡ Das alte Handelszentrum, das bis in die Hansezeit zurück-

Die »Tyske Bryggen«, das alte Handelszentrum Bergens, geht auf die Hansezeit zurück

reicht, an der Südostecke des Hafens *Vågen* mit Schötstube, den Versammlungsräumen der Kaufleute, mit Einrichtungen aus verschiedenen Jahrhunderten. Im *Finnegården* »Hanseatisches Museum«. *Sommer tgl. 10—17 Uhr*

Kulturhistorisk Museum (Kulturhistorisches Museum)

Das sehenswerte Museum birgt alte Sakralkunst, auch aus Stabkirchen, historische Sammlungen und schöne Stücke norwegischer Rosenmalerei. *Sydneshaugen, tgl. außer Fr 11—14 Uhr, freier Eintritt*

Außerdem lohnend: *Rasmus Meyers Samlinger*. Eine der größten Privatsammlungen norwegischer Kunst und Möbel. *Rasmus Meyers Allé, Sommer Mo—Sa 11 bis*

15, So erst ab 12 Uhr, Eintritt 10 nkr. *Bergen Billedgalleri* (Städtisches Kunstmuseum). Werke norwegischer Maler, aber auch Picasso oder Klee. *Rasmus Meyers Allé, Sommer Mo–Sa 11–16, So 12–15 Uhr, sonst kürzer. Eintritt. Fiskerimuseum (Fischereimuseum)* im Haus des *Vestlandske Kunstindustrimuseum.* Bisher etwas antiquiert, aber gut gestaltet; alles über Geschichte und Methoden der Fischerei. *Nordahl Brunsgt. 9, Öffnungszeiten bei Drucklegung wegen Umbau noch unklar, im Informationszentrum nachfragen, Tel. 55 32 14 80.*

RESTAURANTS

Bryggen Tracteurstedt
Die Stätte, wo man im Bryggenareal traktiert, versorgt, wird, ist nicht Bergens bestes, aber urigstes Lokal. *Bryggen, Tel. 55 31 40 46, Kategorie 2.* Teurer im nahen *Bryggenstuen & Bryggeloftet, Bryggen, Kategorie 1.* Auch alle großen und mittleren Hotels haben ansprechend geführte Restaurants, guten Fisch bekommt man in Bergen überall.

EINKAUFEN

Der obligatorische *Husfliden-Laden* liegt in Bergen in *Vågsalmedingen 3.* Kunsthandwerk auch im *Backus, Nye Bryggen. Wallendahl, Strandgt. 17,* bietet Kunsthandwerk vom Hardanger.

Galleriet (Die Galerie)
☨ 60 Geschäfte sind unterm Glasdach von *Galleriet* versammelt, die lustig, bunt und amüsant ist. In der Saison besondere Märkte für Touristen und Musik. *Torgalmenningen*

Rivelsrud (Delikatessen)
Bei Galleriet: Außer Ren- und Schafswurst, Ziegenkäse, jede Sorte *sild* (Hering) und Lachs

HOTELS

Admiral
Das Hotel liegt schön am Hafen (Zimmer zum Wasser bestellen!), ist aber zum Schluchzen teuer. 100 Zi. *C. Sundtsgt. 9, Tel. 55 32 47 92, Kategorie 1*

Ähnliche Preisklasse, ähnlich gut: *SAS Royal, Bryggen, Tel. 55 31 80 00; Norge, Ole Bulls pl. 4, Tel. 55 21 02 99, alle Kategorie 1.* Preiswerter, dennoch hoher Standard: *Bergen, Håkonsgt. 2, Tel. 55 23 49 20; Victoria,* gepflegtes älteres Haus, *Kong Oscarsgt. 29, Tel. 55 31 50 30, beide Kategorie 2*

AUSKUNFT

Informasjonssentrum
Torgalmenningen, Tel. 55 32 14 60, Sommer Mo–Sa 8.30–21, So 10 bis 19 Uhr, sonst kürzer

Verkehrsverein
Slottgt. 1, Tel. 55 31 38 60

ZIELE IN DER UMGEBUNG

Fantoft Stabkirche (15 km)
Sie stammt vom Anfang des 12. Jh., stand früher am *Sognefjord* und wurde zum *Paradis* umgesetzt. Innen stark erneuert. *Sommer 10.30–13.30 u. 14.30–19 Uhr, Eintritt 15 nkr, Bus 2*

Flöyen (Aussichtsberg)
☀ Die Zahnradbahn bringt Sie aus dem Zentrum 314 m hoch. Hinreißender Blick über Stadt und Landschaft. Auch ebene Spazierwege. Bahn 10 nkr. (A 10)

Gamle Bergen (Alt-Bergen) (5 km)
In *Sandviken* (Sandbucht) am nordwestlichen Stadtrand 35 typische Stadthäuser, 18. und 19. Jh., gemeinsam wiederaufgebaut und zeitgerecht eingerichtet. Läden, Werkstätten, Wohnungen. *Sommer 11–19 Uhr, sonst kürzer, Winter geschl., Führungen stdl., Eintritt 20 nkr*

Hardangerfjord (75 km)
★ Auf der Straße 7 Richtung Westen erreichen Sie bei Norheimsund den Hardanger, geradezu Inbegriff norwegischer Fjordlandschaft. Die Straße führt meist direkt am Fjord entlang. Viele Fähren über den Fjord: Wenn Sie ein wenig Zeit haben und es gerade so um Pfingsten ist, nehmen Sie in *Kvanndal* (128 km) die Fähre nach *Utne*, und fahren Sie dann am Westufer des *Sörfjorden* nach Süden. Das ist ein bißchen mühsam, weil eng, aber dafür rollen Sie durch ein einziges Meer blühender Obstbäume, phantastisch! In *Odda* noch 15 km zugeben, damit Sie den *Låtefoss* nicht versäumen, einen der schönsten Wasserfälle Norwegens. (B 10)

Troldhaugen (Griegs Villa) (15 km)
In ihrem Haus am östlichen Stadtrand, 1885 gebaut, lebten Komponist Edvard Grieg und seine Frau Nina 22 Jahre. Die Einrichtung zeigt den Wohnstil nordischen Großbürgertums vor hundert Jahren. Im Garten der *Trollsaal* für Kammerkonzerte. *Mai–Sept., 10.30–13.30, 14.30–17.30 Uhr, Eintritt 20 nkr.* Weiter südlich auf *Lysöen Ole Bulls Villa*, ein phantastischer Landsitz des norwegisch-amerikanischen »Zaubergeigers« Ole Bull – Mantovani Anno 1875. Ein Alptraum! Aber interessant.

ÅLESUND

Keine alte Stadt, dennoch Norwegens größter Fischerhafen: Ålesund, Zentrum des ganzen *Storfjord/Geiranger*-Gebietes, auf drei Inseln gelegen und von kaum zählbaren Inseln umgeben (zu vielen gibt es heute Brücken oder Tunnel). Und es hat den *Aksla*, den Aussichtsberg mit (gutem) Restaurant über der Stadt. Da muß man einfach rauf! Zu Fuß über die lange, lange Treppe, mit dem Auto den Schildern nach. Bester Platz die Stahlplatte des alten Heeresbunkers an der Windfahne oberhalb des Lokals, zu Füßen liegen Stadt und Hafen, Inseln, Sunde und Meer, im Hintergrund schneebedeckte Gipfel. Die Stadt brannte 1904 fast völlig ab und wurde im Jugendstil wieder aufgebaut. Vieles davon ist erhalten, etwa das *Hotel Scandinavie, Lövenvoldgt., Tel. 70 12 94 88, Kategorie 1*, einige Bürohäuser, die Apotheke und auch ein paar private Bauten. Auf jeden Fall: mehr als anderswo. Im *Fiskerhuset (hinter dem Apothekertorget)* gibt es ein *Aquarium*, dessen Leiter alle Fische selbst gefangen hat – als Sporttaucher und grundsätzlich nur im Hafen. *N. Strandgt. Mo–Sa 10–17, So 12–16 Uhr, Eintritt 15 nkr.* Sonst auch noch sehenswert: die Tunnel zu den Inseln (Maut 47 nkr), das *Ålesund Museum* auf dem *Östre Korshaug* ist sehr vielseitig. *Tgl. 11–15 Uhr, So eine Stunde später. Eintritt 15 nkr; Borgund Kirke (nicht Stabkirche!) östlich der Stadt.* Dicht dabei

Sunnmøre-Museum: alte Häuser, Fischerboote, nachgebaute Wikingerschiffe. *Sommer tgl. 11–16 Uhr, sonst kürzer,* 15 nkr. (B 8) Hotel mit Hafen/Seeblick: *Rica Parken, Tel. 70 12 50 50; Bryggen Home Hotel direkt am Brosund, Tel. 70 12 64 00; Scandic-Hotel Ålesund direkt am Hafen, Tel. 70 12 81 00;* renoviert: *Rica Skansen Hotel im Zentrum, Tel. 70 12 29 38. Alle Kategorie 1.* Information: *Reiselivslag Rådhuset, Tel. 70 12 12 02*

ZIELE IN DER UMGEBUNG

Geirangerfjord (110 km)

★ Der »Blinddarm« des *Storfjorden,* der unterwegs oft seinen Namen wechselt, ist das Ziel aller Kreuzfahrtschiffe, die ihre Liegezeiten untereinander längst abstimmen müssen. Trotzdem schön! Entweder auf der Straße 60 (80 km von *Ålesund*) 🌊 hoch über dem Fjord bis *Hellesylt* fahren und von dort fürs letzte Stück die Minikreuzfahrt auf der Fähre 🌊 nach *Geiranger* machen. Wenn man von Süden (*Grotli*) die 15 (bisher 58) übers Gebirge (eine Urweltlandschaft, obwohl erst in der Eiszeit von Gletschern zugeschliffen) kommt, darf man nicht vergessen, den *Dalsnibba* (1450 m, Maut) hochzufahren 🌊; da liegt auch im Sommer viel Schnee, aber die Fahrspur ist ausgefräst und von jedem Wagen zu schaffen. Von oben ein Traumblick auf *Geirangerfjord* und die umgebenden Berge. Dritte Möglichkeit: Von *Ålesund* die Straße 9 (bisher E 69) bis *Åndalsnes* (122 km), 5 km nach Süden weiter auf der 9 und rechts einbiegen auf die 63, den *Trollstigveien* aufwärts mit den imponierenden Serpentinen des ★ *Trollstigen* (für Gespanne nicht empfohlen; gutes Restaurant auf der Paßhöhe 🌊), dann hinab nach *Valldal* (60 km), dem Erdbeerzentrum. Dicht dabei Fähre von *Linge* nach *Eidsdal,* über die bildschöne 63 nach *Geiranger* (30 km), die in dramatischen Kehren mit unglaublichem Blick 🌊 die fast senkrechte Wand der *Örnesvingen* (Adlerschwinge) zum Fjord hinabkriecht. (B 9)

Romsdal (135 km)

Wer vom Fjordland die leichtere Strecke nach Oslo fahren will, bleibt in *Åndalsnes* auf der R 9 (bisher E 69) und erlebt auf den ersten 50 km die gewaltige Kulisse der *Trolltindane* (Trollzinnen) mit der 1000 m hohen senkrechten *Trollveggen* (Wand), der gefürchteten Sprungschanze besonders tschechischer und französischer Fallschirmsportler, von denen jedes Jahr etliche in der Wand hängen bleiben. Den versierten Piloten der Rettungshubschrauber ist die Bergung eigentlich verboten: lebensgefährlich. Aber sie fliegen dann doch, denn: »Wir können die Verrückten ja da oben nicht verrecken lassen!« (B–C 9)

Vogelinsel Runde (40 km)

★ Norwegens südlichste Vogelinsel *Runde* ist von Ålesund aus gut zu erreichen. Entweder mit Schnellboot vom Anleger *Skatteflua* nach *Hareid* auf der Insel *Hareidlandet*, von dort mit Bus über Inseln und Brücken nach *Runde.* Oder mit Auto die R 9 (bisher E 69) bis *Spjelkavik,* dann die 60 und 656 bis *Sulesund* und Fähre nach *Hareid* und mit eigenem Wagen nach Runde bis zum

Dörfchen *Goksöyr* (Parkplatz). 200 bis 300 Höhenmeter leichter Aufstieg zu den ❀ Vogelfelsen. Naturschutzgebiet! In der Brutzeit (bis Juli) Absperrung streng beachten! Alke, Lummen, Möwen, vor allem Papageientaucher. Wichtig: gutes Fernglas, feste Schuhe. (B 9)

MOLDE

❀ Entweder von *Vestnes* oder *Vikebugt* an der R 9 (bisher E 69) (60 oder 80 km von *Ålesund*) mit der Fähre nach Molde über den *Romsdalsfjord*, wo am Südufer meist ein ganzer Pulk unbeschäftigter Supertanker auf bessere Zeiten wartet, oder über *Åndalsnes* und die 64, das bedingt zwei Fähren. Molde (24 000 Ew.) ist die Stadt der Rosen und des Jazz. Das *Jazzfestival* im August hat internationalen Ruf. Der Wiederaufbau nach den Kriegszerstörungen ist gelungen, das Klima ist mild: Ibsen hat hier oft die Ferien verbracht, der Dichter Björnstjerne Björnsen ging in Molde zur Schule, Kollege Alexander Kielland war Bezirksamtmann. Vom Hausberg *Varden* (kein Problem für Autos) bei klarer Luft schöner Fernblick auf 87 ganz genau gezählte beschneite Berggipfel. (B 8) *Information: Tel. 71 25 20 60*

ZIEL IN DER UMGEBUNG

Kristiansund (74 km)
Wegen der Verwechselungsgefahr mit Kristansand im Süden gern mit einem N (für Norden) versehen: Die Stadt liegt auf drei Inseln, durch Brücken und neuen Tunnel verbunden. Im Hafen ist immer Betrieb: Schiffe, Fäh-

ren, Fischkutter; Ausflugsmöglichkeiten auf die umliegenden Inseln, auf denen viele Steinzeitfunde gemacht worden sind. Die Stadt wurde im Krieg fast völlig zerstört. Unter den neuen Bauten ist die zeltdachartige *Kirche* zu beachten mit knallgrünem Rasen darum und einem riesigen farbintensiven Glasgiebel. Für Seefeste bietet sich täglich ein Ausflug zur winzigen Fischerinsel *Grip* draußen im offenen Meer an. Kleine geteerte *Stabkirche* von 1480. Mehrfach war sie das einzige Gebäude auf Grip, das einen Orkan überstand; immer wieder viele Opfer. Heute ist Grip im Winter verlassen. (B 8) *Etliche Hotels verschiedener Preisklassen. Information: Tel. 71 67 39 77*

SOGNEFJORD

★ Norwegens längster Fjord: 205 km. Und der tiefste: 1308 m wurden vor *Breivik* gemessen. Zum Meer hin sind es dann »nur« 100 bis 200 m. Auch der Sogne ist gewaltig – besser: überwältigend. Sie erreichen ihn von Bergen über die E 16 (bisher 68) bzw. die E 16 (bisher 13) bis *Voss* (165 km), dann weiter 21 km bis *Vinje*. Sie passieren dabei den *Tvindevoss*(Wasserfall), bei dem man einfach anhalten muß. In Vinje können Sie sich für die Straße durch *Myrkdalen* und *Bösdalen* ❀ nach *Viksöyri* entschließen oder Sie bleiben auf der E 16 und stürzen sich durchs *Nærödalen* nach *Gudvangen* am *Næröyfjord* hinab. Es folgen drei Stunden mit der Fähre – eine Minikreuzfahrt! – bis *Revsnes* (wenn Sie nach Oslo wollen) oder *Kaupanger* (wenn es nach Norden ge-

»Die 7 Schwestern«, berühmtester Wasserfall des Geirangerfjords

hen soll). Auf halber Höhe vor Gudvangen an der E 16 das berühmte *Hotel Stalheim, Tel. 56 52 01 22.* Kategorie 1. Eines der alten *Höyfjell-* oder *Fjordhoteller,* die hundertjährigen mit dem kunstvollen Gebälk an den Giebeln, sollten Sie sich ansehen. »Norwegerstil« nennen das Architekten, sehenswert sind schon die liebevoll gepflegten riesigen Speisesäle. (B 9–10)

ZIELE IN DER UMGEBUNG

Balestrand

Der bekannteste Touristenort am Sognefjord (Nordufer) hat viele Hotels und gute Verkehrsverbindungen. *Touristinformation am Kai, Tel. 57 69 12 55* (B 9)

Borgund Stavkirke

★ Sie gilt als die besterhaltene und die am reichsten geschnitzte, vom Wikingerstil beeinflußt. Seit 1150 kaum verändert, gehört sie zu *den* touristischen Highlights des Landes. Stehen einmal zuviele Busse davor, erst weiterfahren auf der E 16 in Richtung Fagernes bis *Öye* und *Hurum,* die kleineren Stabkirchen dort sind kaum besucht. In der Mittagszeit ist es in *Borgund* am günstigsten. (B 10)

Kaupanger/Sogndal

Von hier steigt (außer von Fagernes) die zweite Straße ins wilde *Jotunheimen* hinauf. Gute Übernachtungsmöglichkeiten. Die Stabkirche von 1185 ist leider später umgebaut und stark re-

48

stauriert. Im *Sogn Folkemuseum*, einem großen modernen Bau zwischen *Kaupanger* und *Sogndal*, sind die Exponate großzügig und hervorragend gestellt. So bekommt man einen ausgezeichneten Überblick, wie die alten Norweger lebten. Die rekonstruierten Häuser auf dem Museumsgelände sind teils erst im Aufbau. *Sommer So 12–18, sonst 10 bis 18 Uhr, Eintritt 20 nkr* (B 9)

Nordfjord
Zum Nordfjord gelangen Sie am besten vom Sognefjord aus über die Reichsstraßen 5 und 1 (bisher 14). Dabei haben sie Norwegens größten Gletscher *Jostedalsbreen* im Osten.

VESTKAPP STADLANDET

★ ◁ Die Halbinsel nördlich *Måløy* ist nicht nur die große Wetterscheide zwischen Nord und Süd, hier verbirgt sich auch eine kaum aufgesuchte Bilderbuchlandschaft mit vergessenen winzigen Friedhöfen an sturmumtobten Buchten, wilden Serpentinenstrecken, stillen Wäldern und dem, was die Norweger *Vestkapp* nennen, fast 500 m hoch, der Weg nicht immer leicht befahrbar, aber die Aussicht jede Mühe wert. (A 9)

VIDESETER/ STRYNEFJELLET

Wenn Sie schon in *Geiranger* oder sogar zum *Dalsnibba* hinaufgewesen sind, liegt Ihnen ein unvergeßliches Erlebnis sozusagen vor der Windschutzscheibe: Wo Sie vom Dalsnibba herabkommen und bei der ◁ *Djupvasshytta* (1000 m) auf die Straße 15 (bisher 58) treffen, ein paar km nach links *(Richtung Grotli)* fahren, bis es nach rechts in den neuen Tunnel abgeht. Dort oben fahren Sie im Winter los und kommen am Tunnelende im Frühling heraus! Sie werden anhalten und die Aussicht genießen, aber Sie können noch einmal zurück in den tiefen Winter! Links ab und die Serpentinen zum *Sommerskizentrum Videseter* hinauf. Da halten Sie von selbst ◁. Wenn es Ihnen zu kalt ist, in der *Hütte* gibt es Kaffee und auch etwas zu essen und Betten, *Kategorie 3*. Gleich nach Videseter haben Sie rechts den ersten Lift, sehen die ersten Abfahrer. ◁ Hier beginnt einer der großartigsten, dramatischsten Straßenabschnitte Norwegens, Schotterpiste, Kehren und Kurven, aber gefahrlos zu passieren, oft einspurig in den Schnee gefräst, aber es gibt genug Ausweichstellen. Sie sind jetzt oben auf dem Bergmassiv von *Strynefjellet*, einer Steinwüste. Sie fahren am See *Langevatnet* entlang, der teils noch verschneit sein wird, teils wildes Packeis aufgetürmt hat. Dahinter Berge bis fast 2000 m, Gletscher *(Tystigbreen, Skridulaupbreen)* wie zum Anfassen, Wasserfälle. Zweimal steigt die Straße auf 1139 m. 65 km sind es von *Videseter*. Drei Stunden werden Sie brauchen, drei Stunden wie in einer anderen Welt. Dann wieder Asphalt: nach Osten Richtung *Lom*, nach Westen über die 15 zurück nach *Geiranger*. Wenn Sie in der Nähe übernachten wollen: *Hjelles Hotel* in *Hjelle* ist ein guter Tip. (B 9)

Hier werden noch Könige gesalbt

Trondheim, die alte Stadt der norwegischen Könige, blieb bis in unsere Zeit die Stätte feierlicher Inthronisation

TRONDHEIM

Trondheim, mit 140 000 Einwohnern drittgrößte Stadt des Landes, ist die nördlichste Großstadt Norwegens. Hier weht schon ein Hauch von Polarkreis von den Bergen. Zwar versinkt die Sonne auch im Juni hinter dem Horizont, aber dunkel wird es im Hochsommer nicht mehr. Trondheim — eine alte und junge Stadt, nur scheinbar ein Widerspruch. Alt, weil hier schon vor dem Jahr 1000 ein Königssitz war, später die Könige eine Zeitlang gekrönt wurden und noch heute — nachdem die Krönungszeremonie abgeschafft wurde — »gesalbt« und gesegnet werden. Jung, weil Trondheim eine blühende Handels- und Industriestadt ist, Universitätssitz obendrein, weil die Stadt von Jahr zu Jahr moderner, großzügiger wird, immer mehr junge Menschen sich hier zusammenfin-

Der Nidaros-Dom ist seit Jahrhunderten Pilgerort und Inthronisierungsstätte norwegischer Könige

den. Dennoch blieb viel Überkommenes erhalten, werden Traditionen liebevoll bewahrt. (C 8)

BESICHTIGUNGEN

Fiskehallen (Fischhalle)
Die muß man gesehen haben! Nicht sehr groß, aber jede Art von Frischfisch und alles blitzsauber. *Hafen-Ende der Munkegt.*

Munkholmen
Bis zu einem Brand stand auf der Insel *Munkholmen* im *Trondheimfjord* ein Benediktinerkloster, das dann nicht wieder aufgebaut worden ist. Bevor die Mönche kamen, war die Insel Richtstätte. 1658 baute man die Klosterruinen zu Festung und Gefängnis um. Munkholmen ist heute ein beliebter Badeplatz. *Sommer stdl. oder öfter Boot von Ravnkloa an der Fischhalle*

Nidaros-Dom
★ ♣ Wer über Trondheim schreibt, darf den *Nidaros-Dom* nicht vergessen. *Nidaros*, der alte Name für Trondheim, den Platz am Nidelv-Fluß, blieb bis auf

den heutigen Tag Pilgerstätte und Inthronisierungskirche norwegischer Könige. Olav der Heilige wurde von der Kirche zum Märtyrer und »Norwegens ewigem König« erklärt: An der Stelle, wo man 1031 den Leichnam des in der Schlacht gefallenen Königs fand, entsprang später eine heilige Quelle, heißt es, über der man vom Jahr 1152 an den Nidaros-Dom erbaute. Jahrhundertelang wurde geplant, umgebaut, erweitert, ergänzt, nach vielen Bränden repariert, ehe der Dom seine heutige Gestalt annahm. Normannische Einflüsse sind unverkennbar. *Informationsschriften am Eingang. Geöffnet ist er zu verwirrend verschiedenen Zeiten, die man am besten bei der Tourist-Information oder im Hotel erfragt. Eintritt 12 nkr*

Stiftsgården (Stiftshof)
Das größte Holzpalais des Nordens, freundlich gelb gestrichen, wurde um 1775 als privates Rokokopalais errichtet. Heute ist es staatliche Königsresidenz bei Haralds Besuchen in Trondheim. Sonst frei zu sehr lohnenden Besichtigungen. *Munkgt. Sommer Führungen alle 30 Min., 11–14 Uhr, Eintritt 20 nkr*

Tyholt Tårnet (Fernsehturm)
Berühmt für ihre Aussicht ist die 120 m hohe Plattform. Auf 80 m Höhe das rotierende *Restaurant Galagsen*, gute Küche. *Otto Nielsen v. 4*, Kategorie 1

MUSEEN

Nordenfjeldske Kunstindustrimuseum
Große Sammlungen von Porzellan, Keramik, Glas aus den letzten drei Jahrhunderten. Außerdem Möbel und Textilien. Japanische Abteilung und wechselnde Ausstellungen. *Munkgt. 5, Mo–Mi, Fr, Sa 10–15, Do 10–19, So 12–16 Uhr, Eintritt 15 nkr*

Ringve Museum (Musikhistorisches Museum)
★ Allein seinetwegen sollte man nach Trondheim! Es liegt wunderschön in Ringve Herrenhof, am östlichen Stadtrand, von einem großen Park mit botanischem Garten umgeben. 2000 Musikinstrumente von der echten Amati-Geige über Chopins Flügel bis zu lateinamerikanischen Folkloreinstrumenten. Musikstudenten führen kleine (obligatorische) Gruppen und demonstrieren viele Instrumente. *Im östlichen Stadtteil Lade, Sommer Führungen 11.30, 13.30, 15.30 Uhr, sonst seltener. Eintritt 40 nkr*

Sjöfartsmuseum (Seefahrtsmuseum)
Klein, fast »niedlich« im Sklavenhaus von 1725. *Fjordgt. 1, So 12 bis 15, sonst 9–15 Uhr, Eintritt 10 nkr*

Tröndelag Folkemuseum (Freilichtmuseum)
Straße 707 nach Westen bis *Sverresborg*. 60 Gebäude, von der Haltdalen Stabkirche und Patrizierhäusern, bis hin zu Bauernhöfen, bewirtschaftetem Wirtshaus von 1740 und einem *Rorbu* (Fischerhütte). Samen-Abteilung. *Straße 707, Bus 8 und 9, Mai bis August, 11–18 Uhr, Eintritt 20 nkr, günstig: Familienkarte*

Trondheims Kunstforening (Kunstverein)
Norwegische Kunst vom 19. Jh. bis in die Gegenwart. *Bispegt. 7 B,*

MARCO POLO TIPS FÜR TRÖNDELAG

1 Nidaros-Dom
Im Dom zu Trondheim
werden Norwegens
Könige »gesegnet«. Nida-
ros-Dom aus dem Jahre
1152 ist Skandinaviens
größte Kirche (Seite 51)

2 Ringve Museum
Das Musikhistorische
Museum auf dem alten
Herrensitz Ringve bei
Trondheim ist eine Kost-
barkeit — auch für Nicht-
Musikinteressierte (Seite 52)

3 Röros
Seit Jahrhunderten wird
in Röros Kupfer gefördert
und verhüttet. Der ganze
Ort wirkt wie ein Museum
(Seite 55)

4 Tron (Aussichtsberg)
Durch alle Vegetations-
schichten des Landes
führt die Auffahrt zum
Aussichtsberg Tron
(1665 m). Ein atemberau-
bender Ausblick erwartet
Sie (Seite 55)

*Sommer tgl. 11—16 Uhr, sonst kür-
zer, Eintritt 15 nkr*

Universitet (Museum der Wissenschaftlichen Gesellschaft)
Gegründet 1760, viele bedeuten-
de Sammlungen, darunter Sa-
men- und Eskimo-Abteilung. *Er-
ling Skakesgt. 47, Sommer Mo—Sa
11—15, Mi auch 18—20, So 12—15
Uhr, sonst kürzer, Eintritt 20 nkr*

RESTAURANTS

*Galagsen im Tyholt Tårnet. Palmeha-
ve* (Palmengarten) erstklassiges
Restaurant im *Hotel Britannia,*
teuer, aber mit Stil, *Dronningensgt.
5. Prins Olav Grill* gut und teuer
im *Glaspalast des Royal Garden Hotel, Kjöpmansgt. 73.* Dort auch in
der lichten Halle Café und kleine Gerichte. *Bryggen, Övre Back-
landet 66,* Feinschmeckerlokal,
besonders Fisch und Ren, urig
eingerichtet in einem alten Speicher am Nidelv. *Prinsen, Kongensgt. 30. Alle Kategorie 1.* Preiswerter: *Dickens, Kjöpmansgt. 57*

in altem Speicher am Fluß, rusti-
kal. *Bistro La Scala, Bakke Bro*
(auch am Fluß), neu und großzügig. *Alle Kategorie 2.* Günstig: *Nör-
önna, Thomas Angellsgt. 20* (Selbstbedienung), *Egon, Thomas Angellsgt. 8. Alle Kategorie 3*

EINKAUFEN

Husfliden: Prinsengt. 34. Das übli-
che, aber stets gute Angebot:
Strickwaren, Textilien, Holzar-
beiten. *Arne Rönning, Nordregt. 10*

HOTELS

Britannia
Um 1900 gebaut, Haus mit Tra-
dition, von der viel erhalten
blieb. Zimmer modernisiert.
Flair: das *Palmehavet-Restaurant,*
fast wie von 1900. 150 Zi.
*Dronningsgt. 5, Tel. 73 53 00 40,
Kategorie 1*

Royal Garden
Größtes und teuerstes Hotel am
Nidelv, ganz modern mit viel

Die alten Speicher am Nidelv

Glas, Café in der Halle. Gut den benachbarten alten Speichern angepaßt. Friseur, Sauna, Pool. 370 Zimmer. *Kjöpmansgt. 73, Tel. 73 52 11 00. Kategorie 1*

Preiswerter: *Ambassadeur,* 45 Zi., *Elvegt. 18, Tel. 73 52 70 50. Augustin,* 55 Zi., *Kongensgt. 26, Tel. 73 52 83 48. Larssens,* 50 Zi., *Thomas Angellsgt. 10 b, Tel. 73 52 88 51. Neptun,* 43 Zi., *Thomas Angellsgt. 12 b, Tel. 73 51 21 33. Alle Kategorie 2.* Günstig: *Nye Sentrum,* 40 Zi., *Lilletorr, Tel. 73 52 05 24. Pensjonat Linde,* 28 Zi., *Kongensgt. 40, Tel. 73 51 32 18. Alle Kategorie 3*

AUSKUNFT

Turistinformasjon
Im *Hornemannsgården,* am *Torget* (Markt), *73 52 72 01. Juni—Aug. Mo—Fr 8.30 bis 20, Sa —18, So 10—18 Uhr, sonst bis 16, Sa bis 13 Uhr, So geschl. Ab hier Juni—Aug. tgl. Stadtrundfahrt (Bus), 12 Uhr, Dauer 2 Std., Erw. 60 nkr, Ki. 30 nkr. Gleicher Preis für Hafenrundfahrt*

(Juni bis Sept.) tgl. außer Mo 15 Uhr ab Ravnkloa. Maut für die Stadt: 10 nkr.

ZIELE IN DER UMGEBUNG

Hell (37 km)
Von Trondheim in Richtung Norden auf der E 6 bei Hell, dem Umsteigebahnhof zur schwedischen Grenze (auch Straße nach Storlien), liegen bei *Stinmohaugen* (ausgeschildert) *helleristninger* (Felszeichnungen) aus dem 3. Jh. v. Chr. (C 8)

Steinkjer (125 km)
Sehr alte Stadt, aber der Tourist sieht vorwiegend Industrie. Der Städtename ist für Nichtnorweger kaum auszusprechen: so etwa wie Stentscher. Aber: Im Garten des angenehmen Hotels *Tingvold Park, 30 Zi., Tel. 74 16 11 00, Kategorie 2,* die nördlichste und längste Steinsetzung des Landes. In der Umgebung viele Felszeichnungen: in *Bardal,* 11 km

54

westlich, Zeichnungen aus der Steinzeit (Ren, Elche, Menschen) und aus der Bronzezeit (besonders Schiffe). Berühmteste Felszeichnung Norwegens bei *Böla*, 20 km nordöstlich der Stadt. Erst die 762, dann die 763 durch liebliche Landschaft; man verfährt sich leicht. Das Hinweisschild *Reinen ved Böla* an der Straße ist klein und wird oft übersehen. Wenige hundert Meter zu Fuß durch den Wald, romantisch an kleinem Wasserfall die 6000 Jahre alten lebensgroßen Ritzzeichnungen. Oft ist man dort allein — und überrascht, wenn zehn Meter hinter einem plötzlich die Nordlandbahn vorbeidonnert. (D 7)

RÖROS

★ Die ganze Stadt ist ein Museum. Vieles blieb so erhalten, wie es zu Zeiten war, als der Kupferbergbau in Blüte stand — vor 200 Jahren. (D 8)

BESICHTIGUNGEN

In der Altstadt zwischen Bahnhof und Kirche *Kjerkgata* und *Bergmannsgata* mit vielen historischen Gebäuden, so dem *Bergskrivergården* mit Werkskontor, der Direktorenwohnung und *Proviantskrivergården* (heute das Rathaus). Hier stehen 50 Gebäude unter Denkmalschutz. In der *Röros Kirke* (sie ist das einziges Steingebäude in der hölzernen Stadt) ist ein Porträt von Hans Aasen, der das erste Erz fand. Seine Familie bewohnt heute in 12. Generation den *Aasengården. Führungen durch die Stadt 1. Juli— 15. Aug., 11—16.30 Uhr, Start am Turistkontor.*

MUSEEN

Christianus Quintus gruve (Alte Erzgrube)
Anmeldung im Turistkontor Ecke Kjerkgata. *Nur im Sommer 10, 12, 15 Uhr, Eintritt 25 nkr*

Rammsgården
Liegt in der Kjerkgata, ist originalgetreu eingerichtet wie ein Wirtshaus von 1857. Restaurant! *Tgl. mit wechselnden Öffnungszeiten*

Rörosmuseet
Das Museum liegt am Falkbergetsvei Richtung Trondheim und gibt einen guten Eindruck vom Leben der Bergleute, der Bergbauern und Bergsamen. *Tgl. außer Mo, Zeiten wechselnd, im Turistkontor Ecke Kjerkgt. erfragen*

HOTELS

Bergstadens Turisthotel
Gemütlich. 75 Zi., *Kjerksgt., Tel. 72 41 11 11, Kategorie 2*

Inter Nor Hotel Röros
Teuer. *120 Zi., An-Magrittesvei, Tel. 72 41 10 11, Kategorie 1*

AUSKUNFT

Turistkontoret
An der Ecke *Falkbergetsvei/ Kjerkgt., Tel. 72 41 11 65*

ZIEL IN DER UMGEBUNG

Tron (Aussichtsberg)
★ ⚐ 80 km südwestlich Röros liegt Tron, mit 1665 m Norwegens zweithöchster Aussichtsberg. Blick über *Österdalen*, zu den *Rendalssöln, Femundsberget, Alvdalssöln, Dovre* und *Rondane.* (C 9)

Rauh,
aber herzlich

Das Nordland liegt noch weit vom ewigen Eis entfernt, für
Südnorweger aber schon hinterm Nordpol

Viel Auswahl bleibt einem nicht, wenn man von Trondheim aus nach Norden will. Hier hat Norwegen nur eine einzige Fernstraße zu bieten, die E 6. Wenn man von den kleinen Schlenkern in die Küstenregion einmal absieht. Noch ist die Landschaft lieblich, aber das ändert sich. Die Straße begleitet den *Namsen*, und gleich hinter der Bahnstation von *Smalåsen* wird die Grenze zum *fylke* (Bezirk) *Nordland* gekreuzt. Nordland, das klingt nach »Schwertgeklirr und Wogenprall« und nach Wikingerblut. Gut, von hier unter anderem sind die Wikinger aufgebrochen, Island zu besiedeln, aber bis zum richtig »Hohen Norden« müssen wir noch eine Menge Kilometer hinter uns bringen: Von der Bezirks-Grenze bei *Smalåsen* bis zum *Polarsirkel* (Polarkreis) auf 66 Grad, 33 Minuten Nord (korrekt schreibt man das 66°33') immerhin noch 250 km, aber bis *Bodö*, dem Herz Nordlands, sind es

Auch im rauhen Norden sind die Gärten voller Blumen

dann noch einmal 180 km und bis zum Erzhafen *Narvik*, der auch noch zu Nordland gehört, satte 210 km. Erst dahinter beginnt das *fylke*, der Bezirk, *Troms*, und im nördlichen Anschluß daran die *Finnmark*. Nur der Ordnung halber mal ganz schnell in Erinnerung gerufen: Von der südlichen Grenze von Nordland bis zur russischen Grenze bei *Kirkenes* bekommt man gut 1600 km auf den Tacho! Der *Nordnorgebuss*, der Überlandbus, der in *Fauske*, wo die Nordlandbahn zum Hafen Bodö nach Westen abknickt, mit dem Ziel *Kirkenes* startet, und das jeden Tag um 11.30 Uhr, braucht für die Strecke drei Tage mit zwei Übernachtungen. Und die Jungs im Cockpit der Überlandbusse sind nicht die zartesten Gemüter! Sonst aber sind die Leute hier eher freundlicher als im Süden, obwohl sie aus Osloer Sicht doch »hinter dem Nordpol« leben.

Nordland reicht für mehr als einen Urlaub. Dramatisch die Küstenstrecke, die der Postdampfer der Hurtigruten fährt, von schier unendlicher Einsamkeit die Geröllwüste des *Saltfjells* dort, wo E 6 und Nordlandbahn den Polarkreis queren. Und dann die Strecke von *Fauske* nach *Narvik*, die viele Norweger für den schönsten Straßenabschnitt ihres langen Landes halten. Da mag es Streit geben, aber die Leute sind nicht leicht zu widerlegen. Und richtig, die *Lofoten* gehören natürlich auch noch zu Nordland! Aber die sind so einmalig, daß sie ihr eigenes Kapitel in diesem Reiseführer bekommen.

BODÖ

Über der Stadt liegt immer ein bißchen Goldgräberstimmung. Bodö, das im Krieg erst aus ganzen 760 Häusern bestand – und von denen gingen die meisten auch noch in Flammen auf –, ist stets eine junge Stadt gewesen. Immer im Aufbruch, immer auf dem Sprung, etwas zu werden. Heute ist sie nun etwas: Nicht von Schönheit bedrängt, auf

dem Reißbrett entworfen, mit Anflügen von »Wolkenkratzern«, einem futuristischen Flughafen – eine Wiedergutmachung am Langmut, mit dem Passagiere und die 35 000 Bodöer die Trostlosigkeit des alten ertragen haben – guten Einkaufsmöglichkeiten und der »größten Roßkastanie nördlich des Polarkreises«. Wer lacht, ist gemein: Denn in diesem Klima, im Herbst Sturm auf Sturm und nochmal Sturm und immer Salz in der Luft, da will es schon etwas heißen, als Roßkastanie nicht nur exakt gemessene 8,60 m hoch, sondern auch über 55 Jahre alt zu werden. Die Startbahn des Flughafens, Luftkreuz des Nordens und Militärbasis in einem (fotografieren Sie nicht aus der landenden Maschine!), die Startbahn also, geht parallel zur Hauptstraße und nicht weit davon. Der Lärm ist infernalisch. »Einziges Mittel ist: Nicht hinhören!« sagt Anne Holm, eine

58

der beiden einzigen Frauen im harten Gewerbe des norwegischen See- und Luftrettungsdienstes. Der hat sein Hauptquartier direkt am alten Hurtigrutenkai neben der Polizei. Aktionsgebiet bis ins ewige Eis.

Bodö ist Verkehrsknotenpunkt. Hier landen die Maschinen aus Oslo, Stavanger, Bergen, Trondheim und aus dem Norden des Landes. Hier beginnen die vielen Lokalrouten zu den Inseln. Hier legt zweimal am Tag die Hurtigrute an, nord- und südgehend. Hier beginnen Fähr- und Schnellbootlinien nach Nord, West und Süd. Im Sommer quillt die *Storgata*, die Große Straße, über von jungen Leuten, Rucksacktouristen, Einheimische dazwischen, die zum Einkaufen von den Inseln herüberfliegen, auch von einigen Herrschaften gesetzten Alters, die sich per Busrundreise die teuren Hotels und eher noch teureren Restaurants leisten können. Um das sommerliche Bodö schön zu finden, muß man einmal an einem Märzsonntag über die *Storgata* gegangen sein, Sonntag high noon. Dann sind unter bleigrauem Himmel drei Väter mit drei Kindern, begraben unter Decken und Kapuzen in kissengestopften Babywagen, von den Müttern zum Auslüften vor die

Tür geschickt, alles, was sich auf der Straße bewegt. Aber die Väter haben es gut! Die können sich an den Kinderwagen festhalten, während dem arglosen Reisenden der heulende Südwestwind vom Hafen her schlicht die Beine unterm Allerwertesten wegbläst. Streuen? Aber nicht doch! Hierzulande geht man routiniert auf blankem Eis oder frischem Schnee, der sich dann auch wieder schnell zu Eis tritt. Jetzt gibt es Pläne, die ganze Storgata zu überglasen, um auch im langen Winter eine Bummelmeile zu schaffen. (B 4)

BESICHTIGUNGEN

So viel ist da nicht, die Highlights liegen in der Umgebung. Immerhin: Der *Hurtigrutenkai*, wo die Nordlandbahn endet, und der *Fischereihafen* sind immer einen Besuch wert. Ein Sundowner in der 〰 *Panoramabar im 13. Stock vom SAS-Hotel* ist trotz Fülle und Hitze wegen des Blicks über Stadt, Hafen und Meer sein Geld wert. Und dann der Aussichtsplatz 〰 *Rönvikfjellet* am nördlichen Ende der Stadt. Da oben gibt es einen kleinen Vergnügungspark, ein erträgliches Restaurant und und bei klarem Wetter eine Fernsicht bis zu den Lofoten, vorbei an der breit hingelagerten Insel *Landego*, Norwegens für Seeleute bekannteste *Landmarke*. Wenn dann noch die Mitternachtssonne scheint – traumhaft!

Nordlandmuseum

Früher stand eines der großen Lofot-Boote vor dem Museum. Es hat heute seinen Platz im Fremdenverkehrsbüro am Hafen (man sieht es schon von der Storgata). Allein seinetwegen sollte man dort hingehen – um zu staunen, mit welch gebrechlichen Booten die Nordmänner noch vor hundert Jahren zum Fischen gefahren sind und allerdings auch zu Tausenden nicht heimkehrten. Innen im Museum ist alles geblieben, was man über Fischerei erfahren kann, von der Steinzeit bis heute. Dazu Ausgrabungen aus der Steinzeit, eine Wikingerabteilung und ein Kuriosum, die Sammlung des Italieners Quirini, der 1431 von Kreta nach Flandern segeln wollte – und in Bodö ankam! *Sommer tgl. 10–18 Uhr, sonst kürzer, Prinsensgt. 6, Eintritt 10 nkr*

Restaurant im Hotel Diplomat

Direkt am Wasser mit Aussicht auf Hafen und vorgelagerte Inseln. Gute Fischgerichte. *Sjögt. 23, Tel. 75 52 70 00, Kategorie 1*

Restaurant im SAS-Hotel

Aussicht auf den Fischereihafen. Große Nichtraucherabteilung. Internationale Küche mit entsprechenden Preisen. *Storgt. 2, Tel. 75 52 41 00, Kategorie 1.* Preiswerter in der *Cafeteria Ba-* *guette'n* im SAS-Hotel (Selbstbedienung), *Kategorie 2. Blix-Paviljongen, Sjögt. 25, Tel. 75 52 56 07; Centrum, Storgt. 39, Tel. 75 52 48 88; Lövold's Kafeteria,* besonders günstig, große Portionen, *Tollbugt., Tel. 75 52 02 61, alle Kategorie 3*

Am besten in den Geschäften der *Storgata*, wo man alles bekommt. *Husfliden* ist natürlich auch vertreten!

Bodö

Kleineres, aber anspruchsvolles Haus mit entsprechenden Preisen. 20 Zi. *Professor Schyttergt. 5, Tel. 75 52 69 00, Kategorie 1*

Central

Auch gut und preisgünstig! Zentral gelegen. 40 Zi. *Professor Schyttersgt. 6, Tel. 75 52 35 85, Kategorie 2*

Diplomat

Neues Haus direkt am Handelshafen. Zimmer mit sehr schönem Ausblick (Fjordseite buchen!) 95 Zi., *Sjögt. 23, Tel. 75 52 70 00, Kategorie 1*

Grand

Mittelklassehotel mit zivilen Preisen, das älteste Haus der Stadt, aber mehrfach modernisiert. 50 Zi. *Storgt. 3, Tel. 75 52 00 00. Kategorie 2*

SAS Royal

Das Zentrum Bodös mit Restaurants, Einkaufsmöglichkeiten. Leider ist das SAS-Büro aus dem Hotel-Hochhaus zum neuen Flughafen verlegt worden.

Das war früher praktischer, sollte man wieder ändern. In der 🔅 *Panoramabar* trifft sich gegen Abend Bodös »Jeunesse dorée«. Die Bar ist laut und verraucht, aber die Aussicht entschädigt für alles! 120 Zi. *Storgt. 2, Tel. 75 52 41 00, Kategorie 1*

Angeln
Angeln im Meer am besten am *Saltsraumen*, oder im Hafen einen Kleinfischer beschwatzen, ob er eine Fischtour mit einem macht. Aber: Nicht mit gewaltiger Ausrüstung prunken. Norweger angeln mit der Schnur in der Hand! Alles andere imponiert nicht.

AUSKUNFT

Turistinformation
Hilfsbereit und bemüht. *Sjögt. 21, Tel. 75 52 12 40*

ZIELE IN DER UMGEBUNG

Bodin kirke (Kirche) (3 km)
Mittelalterliche Steinkirche, 3 km östlich der Stadt. Altartafeln Barock. *Sommer 10–20 Uhr*

Saltstraumen (Mahlstrom) (20 km)
★ ⚙ Norwegens schnellster Mahlstrom, wo bei Ebbe und Flut gewaltige Wassermassen vom *Saltfjord* in den *Skjerstadfjord* gepreßt werden – und umgekehrt. Bei Springflut Geschwindigkeiten bis zu 20 km/h! Nur dann mit dem Boot in die Strömung, wenn auch die Einheimischen es wagen! Sehr fischreich, sehr gute Angelmöglichkeiten, auch vom Ufer, aber immer viele Menschen. Seit einigen Jahren überspannt eine Betonbrücke den Saltstraumen (gesprochen: -strömmen; er heißt übrigens nicht nach dem salzigen Meerwasser, sondern nach der Land-

---

Hochgebirgsstraßen und Fahren im Winter

Wer im Winter nach Norwegen mit dem Auto fährt, braucht mindestens M + S-Reifen, möglichst auch Schneeketten für alle vier Räder. Norweger sind es gewohnt, auf Eis und Schnee zu fahren, zudem sind bei ihnen Spikesreifen nach wie vor erlaubt. Vorsicht in der Kolonne! Ihr Vordermann hat wahrscheinlich einen kürzeren Bremsweg als Sie. Manche Hochgebirgsstraßen werden im Winter jedoch trotz bester Ausrüstung unpassierbar. Sperrungen gibt es u.a.: Straße 5: *Gaularfjellet* Ende Feb.–Ende April; 51: *Valdresflya* Ende Nov.–Mitte Mai; 55: *Sognefjellsvegen* Mitte Dez.–Mitte Mai; 63 (bisher 58): *Geiranger* Anf. Dez.–Mitte Mai; 63: *Trollstigen* Mitte Nov.–Mitte Mai; E 69 (bisher 95): *Nordkapstraße,* Mitte Nov.–Ende Mai; 98: *Ifjordfjell,* Anf. Dez.–Mitte Mai; 27 (bisher 22 C): *Ringebu–Enden* Mitte Jan.–Mitte Mai; 252: *Tyin–Eidsbugarden* Ende Okt.–Mitte Juni; 258: Gml. *Strynefjellsvegen* Mitte Sept.–Mitte Juni; 520: *Sauda–Röldal* Mitte Dez. bis Mitte Mai. Das ganze Jahr offen sind, werden aber bei starken Verwehungen oder auch nachts geschlossen: Straße 7 *Hardangervidda*; 45 *Hunnedalsvegen*; 882 *Storvik–Bardines*; 885 *Vintervollen–Grense Jakobselv.*

schaft *Salten*). Von Bodö Busverbindung vom Busbahnhof beim SAS-Hotel, mit dem Auto die 80 Richtung Fauske, dann auf die 813 zum Straumen nach Süden abbiegen (knapp 25 km). (4 B)

Röst und Værøy (Vogelinseln)

Ebenso wie zu den *Lofoten* gibt es von Bodö Schnellboot-, Fähr- und Flugverbindung zu den berühmten Vogelinseln von *Röst* und *Værøy* weit draußen im Nordmeer. Sie erreichen die Vogelinseln jetzt auch mit der Fähre von dem Ort *Reine* auf der Lofoteninsel *Moskenesöy*. Von *Röst* und *Værøy* aus Bootstouren zu den Brutkolonien. (A 4)

Træna (Fischerinsel)

★ Ein Kleinod, noch kaum entdeckt! Genau auf dem Polarkreis, 40 km vor der Küste. 5000 Inseln, fünf ganzjährig bewohnt, Norwegens kleinste Gemeinde: knapp 500 Menschen, alle Fischer. Die junge Ärztin, Frau eines Fischers, ersetzt Polizei, Schiedsmann, Pastor und Psychiater. Gut 6 Std. mit dem Schnellboot von Bodö, 16 Uhr am Fährkai vorm SAS-Hotel, *Onöy* umsteigen. Anreise auch direkt von *Sandnessjöen* (Straße 17) mit Schnellboot möglich. Ankunft in der Nacht — wie eine Expedition. Gepäckkarre am Kai schnorren (nächsten Morgen wiederbringen!). Zur *Gjestgiveri* muß man sich durchfragen, sie ist nicht beschriftet! Aber gut geführt, saubere kleine Zimmer, gute Küche, preiswert! Vorher bestellen! *Tel. 75 09 52 28, Kategorie 3*. Rückfahrt beginnt halb in der Nacht — der Wirt bringt am Abend vorher das Gepäck zum Kai und beruhigt Besorgte: »Auf *Træna*

klaut keiner!« Geheimtip: Im März hinfahren, am Tag schon hell, nachts atemberaubendes Polarlicht! Und alle freuen sich um diese Zeit über ein fremdes Gesicht. (A 5)

Kjerringöy (40 km)

★ Halbinsel im *Vestfjord*, nördlich von Bodö. Hier ist der alte Handelsplatz gleichen Namens als Museum erhalten geblieben. Ein Stützpunkt der Zivilisation und des Reichtums in diesem bettelarmen Land. Der Dichter *Knut Hamsun* hat dem Handelsherrn Erasmus Zahl, der ihn unterstützte, in seinen Büchern »Pan« und »Bononi und Rosa« ein Denkmal gesetzt. Er nannte den Platz dort *Sirilund*. *Führungen im Sommer 11, 13, 15.30 Uhr, Eintritt 25 nkr*. — Auf der weiter nördlich gelegenen Halbinsel *Hamaröy* (in *Ulsvåg* von der E 6 westlich Richtung Lofot-Fähre in *Skutvik* abbiegen) hat Hamsun vom dritten Lebensjahr an auf dem Hof *Hamsund* seine Kindheit verbracht (er ließ als Autor das »d« des Namens weg). Er schrieb später über die Leute des Nordlands und Troms: »Hier leben die liebenswürdigsten Menschen des ganzen Landes.« Sie seien nicht so sauertöpfisch wie die Menschen im südwestlichen und südöstlichen Norwegen. »Der Nordländer ist herzensgut und geduldig. Und er ist von Natur aus großzügig.« Da ist was dran! Der kleine Mann im Norden ist selten ein gewiefter Kaufmann, aber hilfsbereit, und darum sind wohl so wenige zu Wohlstand gelangt. Und auch deshalb sind die Not und die Arbeitslosigkeit im Norden heute besonders groß. (B 4)

Svartisen

★ Nördlich von *Mo i Rana* biegt man von der E 6 nach Westen zu Norwegens zweitgrößtem Gletscher *Svartisen* (Das schwarze Eis) ab. Einer der wenigen wachsenden Gletscher. Bis zum See *Svartisvatnet* (da gibt es ein Café) geht es mit dem Auto, dann mit dem Motorboot (Sommer stdl.), und schließlich noch eine halbe Stunde zu Fuß — auf festen Schuhen! Gletscherwanderungen möglich. Nicht ungefährlich, nur mit Führer! (B 5)

Nebenstrecke Helgelandsküste

Wer ein bißchen Zeit hat, kann auf der Reise nach Norden in *Grong* (200 km von Trondheim) die E 6 verlassen und auf der Straße 17 an die Küste ausweichen. Das kostet zwar Zeit, bringt einen aber in eines der schönsten Gebiete Norwegens. In *Årsandöy* und *Holm* muß man auf Fähren. ☀ Immer wieder phantastische Aussichtspunkte! Vor *Brönnöysund* hat man nach Westen über den Fjord ☀ *Torghatten*, den Berg mit dem Loch, durch das — in über 100 m Höhe — ein »ganzes Schiff fahren« könnte. Einst

lag die Öffnung in der Brandungszone, dann hat sich das Land gehoben. Wieder zwei Fähren (bei *Horn* und *Forvik*), dann kommen Sie nach *Sandnessjöen*, wo das Schnellboot nach *Træna* abfährt. In der Nähe »Die sieben Schwestern«, sieben Berggipfel, von Gletschern aus einem einzigen Gebirgsstock herausgeschnitten. (A 5-6, B 8)

NARVIK

Der Name steht für einen der härtesten Kämpfe des Zweiten Weltkrieges. Wer auch in den Ferien ein bißchen Nachdenklichkeit mag, opfert vielleicht ein paar Minuten für die Soldatenfriedhöfe. Kriegsmuseum südwestlich der Friedhöfe. Interessant sind (Europas größte) Erzverladungskais. 5000 t je Spezialzug, kommt das Erz von Schwedens Malmbjergen herunter. Für landschaftliche Schönheit sorgt die Aussicht vom ☀ *Fagernesfjellet* bis hinüber zu den Lofoten. Die Seilbahn *(Fjellheisen)* trägt einen 700 m nach oben — nicht billig (50 nkr) aber sehr schön. Bei klarem Wetter, versteht sich. 20 000 Ew. (C 3)

Narvik, der Erzhafen hoch im Norden

Wo die Alpen dem Meer entsteigen

Als der Fisch ausblieb, schienen die Lofoten am Ende. Jetzt soll der Tourismus das Paradies im Norden retten

Die *Lofoten* sind in: Stieg die Zahl aller ausländischen Touristen in Norwegen von 1990 auf 92 um gut 13 Prozent, die Lofoten verzeichneten eine Steigerung um 25 Prozent. Kein Wunder, der Dichter Knut Hamsun hat sie einst »das schönste Stück Norwegen« genannt. Tatsächlich ist die Inselgruppe, die auf der Höhe des Festlandshafens *Bodö* fast 150 Kilometer in die freie See vorspringt, von so überwältigender Schönheit und Vielfalt, daß Norwegen keinen zweiten vergleichbaren Platz zu bieten hat. Seit die Fischerei in der Krise ist, setzen alle auf Tourismus. Sanfter Tourismus! Für Massen und Rummel fehlen alle Voraussetzungen. Inzwischen sind die Inseln deshalb auch durch Brücken oder Tunnel verbunden. Maut am Napp-Tunnel: 60 nkr. Nur vom Festland braucht man noch eine einzige Fähre: von *Bodö* nach *Moskenes*, von *Skutvik*

Nusfjord, Lofotenhafen wie aus dem Bilderbuch. Die Unesco erhob den alten Fischerort zum »Weltkulturgut«

nach *Svolvær* (beides ziemlich teuer) oder über *Narvik*, die Inseln der *Vesterålen* und die Fähre von *Fiskeböl* nach *Melbu* (billiger, aber 300 Straßenkilometer mehr). Die schmale alte Lofotenstraße Nr. 19, heißt jetzt stolz E 10. Überall auf den Inseln sind neue Hütten, oft mit WC/Dusche, entstanden, Hotels sind noch rar.

Die Anreise mit dem Hurtigruten-Schiff von *Bodö* (jeden Tag 15 Uhr) über den *Vestfjord* ist bei gutem Wetter ein Traumerlebnis, bei der leider oft sehr rauhen See können die vier Fahrtstunden freilich quälend lang werden. In 20 Minuten schafft es das Flugzeug der *Widerøe-Linie* von *Bodö* nach *Svolvær* oder *Leknes* (Anschlüsse an die Linienflüge von SAS und Braathens). Die Fähre nach *Reine* geht auch über oft holperiges Wasser (vier Stunden), während das Schnellboot von *Bodö* zu den Inseln (keine Autos!) ruhigere Gewässer zwischen den Küsteninseln vorzieht. Nach den Abfahrtzeiten sollten Sie sich schon in Deutschland erkundigen. Die wechseln häufig. Vorbestellen!

SVOLVÆR

Svolvær, auf der Insel *Austvågöy*, Hauptort der Lofoten (4000 Ew.) lebt noch immer vorwiegend von Fischfang und Fischverarbeitung. Seit der Steinzeit wird auf den Inseln Tiefwasserfischerei betrieben, vor 6000 Jahren mit Angelschnüren aus Brennesselfasern, heute mit modernem Fanggeschirr – aber noch immer gibt es Spezialisten, auch Frauen, die nebenberuflich mit ganz primitiven Handangeln ein paar Tonnen Fisch ins Ruderboot ziehen und so die Haushaltskasse aufbessern. Gejagt wird vor allem der *skrei*, der Laichdorsch, der zwischen Neujahr und Ostern einst in riesigen Mengen aus der Barentssee in den Vestfjord zwischen Lofoten und Festland zog, um hier in hundert oder zweihundert Meter Tiefe Hochzeit zu halten. Zehntausende von Fischern mit vielen tausend Booten aus ganz Norwegen kamen früher zur *lofotsaison* zusammen, um den Dorsch zu fangen, der dann als Stockfisch (*tørrfisk*), ohne Salz auf Stangen an der Luft getrocknet, fast unbegrenzt haltbar wird. Im Juni nimmt man ihn ab und exportiert ihn als Fastenspeise in die katholischen Mittelmeerländer. Die billigeren schlechteren Qualitäten sind in den Hungerländern Afrikas begehrt. Schon vor fast 900 Jahren ließ König Øystein den *lofotfisket* organisieren und in den Häfen *rorbuer* als Unterkünfte für die Fischer aus anderen Landesteilen bauen. Rorbuer, Fischerhütten auf Pfählen gebaut, stehen heute noch in vielen Häfen auf ihren Stelzen über dem Wasser. Im Sommer werden sie von Touristen bewohnt. Inzwischen kommen immer mehr moderne Hütten im »Rorbu-Stil« hinzu, viele mit Dusche. (A-B 3-4)

MUSEEN

Lofotmuseet

Das Lofotmuseet liegt im benachbarten *Kabelvåg* (5 km), einst das Zentrum der Lofotfischerei und noch heute erkenn-

MARCO POLO TIPS FÜR DIE LOFOTEN

1 Lofotaquarium Kabelvåg
Rund um die Lofoten liegen riesige Fischgründe. Alles, was im Wasser schwimmt, ist zu sehen (Seite 67)

2 Flakstad Kirche
Obwohl nur klein, ist die knallrot gestrichene Kirche aus Treibholz auf der Insel Flakstad das schönste Gotteshaus des Archipels (Seite 69)

3 Nusfjord
Wie von einem Spielzeugmacher geschnitzt, kuschelt sich Norwegens »niedlichster« Fischerort zwischen Fels und Fjord (Seite 69)

4 Reine
Seit fast 100 Jahren Malerkolonie, seit vielen Jahrhunderten Fischerdorf, hingeduckt vor dem Kirkefjord (Seite 69)

bar die Form eines alten Hafens. Das Museum zeigt in den Häusern eines Handelshofs alles über Geschichte und Leben auf den Lofoten. *Tel. 76 17 82 23, tgl. 9–18, Sa und So 12–18 Uhr, Eintritt 20 nkr*

Lofotaquarium Kabelvåg

★ Dem Lofotmuseum angeschlossen ist das sehenswerte Lofotaquarium in einem futuristischen Neubau. Alle Lebewesen, die rund um die Lofoten im Wasser schwimmen, sind hier zu besichtigen. *Tel. 76 17 86 65, tgl. 9–21 Uhr, Eintritt 25 nkr*

RESTAURANTS

In den Hotels gibt es meist annehmbare Restaurants. Günstiger ißt man in *Den Blå Lanterne* oder *Stova Mat og Vinhus, beide Kategorie 2*, noch günstiger im Kiosk am Hafen.

HOTELS

Svolvær hat mit Abstand die meisten Hotels der Lofoten. Sie alle liegen zentral in Hafennähe. Unbedingt rechtzeitig buchen.

Havly

Traditionshotel der Stadt. Praktische Zimmer mit Dusche/WC. 48 Zi. *Tel. 76 07 03 44, Kategorie 2*

Henningsvær Gjestegård

Ein kleines Hotel im typischen Fischerdorf *Henningsvær* , 30 km westlich von Svolvær. 18 Zi., *Tel. 76 07 46 12, Kategorie 2*

Lofoten Sommerhotel

Das 53-Zimmer-Haus liegt in *Kabelvåg (5 km)*: einfach, preiswert. *Tel. 76 07 81 03, Kategorie 3*

Svolvær Lofoten

Ein wirklich recht ansprechend eingerichtetes Touristenhotel. 48 Zi., *Tel. 76 07 19 99, Kategorie 2*

Norton Lofoten

Modernes Haus am Hafen, gut ausgestattete Zimmer. Restaurantspezialität: Fisch. 45 Zi., *Tel. 76 07 12 00, Kategorie 2*

SPIEL UND SPORT

Segeln sollte man eigentlich nur mit Einheimischen. Das Fahrwasser mit seinen vielen Untiefen ist tückisch. Surfen ist hier nur etwas für erfahrene Sportler. Angeln und Bootsausflüge werden organisiert *(Turistinformasjon oder Hotel Havly)*. Oder am Hafen versuchen, ein Boot zu leihen. – Felskletterei, Auskunft in der Turistinformasjon.

AUSKUNFT

Lofoten Reiselivslag (Fremdenverkehrsbüro) *8301 Svolvær, Tel. 76 07 19 29*

ANDENES

Andenes ist ein alter Walfangplatz und der Hauptort der Insel *Andöy*, die schon zu den nördlich der Lofoten liegenden Versterålen gehört (100 km nördlich von Svolvær). Seitdem der Walfang eingeschränkt ist, gibt es hier stattdessen *Havture med hvalskippere* (Fotosafaris auf Wale) mit sehr guten Chancen, heute noch Wale vor die Kamera zu bekommen. (B 3) *Walsafaris Andenes, Mitte Juni bis Ende Aug., tgl. außer bei sehr schlechtem Wetter. Erw. 600 nkr, Kinder 400 nkr, Anmeldungen Tel. 76 07 19 29*

LEKNES

Vor ein paar Jahren noch ein verschlafenes Nest, ist es heute zentraler Einkaufsort der Insel *Vestvågöy*. Flugplatz am Stadtrand. (B 3)

HOTELS

Leknes Hotel

Liegt an der Kreuzung im Zentrum, von außen ein langweiliger Kasten, entpuppt es sich innen jedoch als überraschend gut eingerichtet. 52 Zi., *Tel. 76 08 24 00, Kategorie 2*

Stamsund Hotel

Es liegt 15 km südlich (unterwegs , von Leknes am Hurtigrutenkai von *Stamsund*, einem wenig interessanten Fischereihafen. Obwohl ein modernes Haus am Hurtigrutenkai mit Blick auf den Vestfjord, war es zeitweilig auch geschlossen. 43 Zi., *Tel. 76 08 93 00, Kategorie 2*

ZIELE IN DER UMGEBUNG

Ballstad (15 km)

Der alte Fischerort liegt 15 km südwestlich von Leknes. In der Nähe in einer geschützten Bucht das romantische *Kræmervika*. In beiden Orten gute Möglichkeit für Rorbu-Ferien. (B 4)

Vestresand (40 km)

Wer in Ruhe die Mitternachtssonne genießen will, findet in dem kleinen Fischerort, 40 km nördlich von Leknes, einen idealen Platz in einer großzügigen weiten Landschaft. (B 3)

RAMBERG

Auf der Insel *Flakstadöy*, durch Tunnel von Leknes erreichbar, ist Ramberg seit einigen Jahren Zentralort. Schon die Anfahrt rund um einen kleinen Fjord und dann unmittelbar vor dem Ort der weite Blick in den *Selfjord* mit den ihn umschließen-

Die Lofoten leben von Fischfang und Tourismus

den Gipfeln der Insel *Moskenesöy* sind unvergeßlich. (A 4)

BESICHTIGUNGEN

Flakstad Kirche
★ Mit Recht gilt die rot gestrichene, nur aus angespültem Treibholz gebaute Blockhauskirche als eines der eindrucksvollsten Gotteshäuser des Nordens. Ein Stück Geschichte: die handschriftliche Tafel mit den Namen Hunderter auf See gebliebener Fischer der Insel.

Schmiede in Sund
Hier hämmert der »Schmied von Sund« schon in zweiter Generation seine eisernen Kormorane *(skarver)*. Man kann zusehen und bekommt einen Vogel nach Wunsch. Angeschlossen: Das kleine *Fischereimuseum*, eindrucksvoll gerade in seiner Unbekümmertheit.

RESTAURANTS

Ramberg Gjestgård
Vom *Ramberg Gjestgård* sind nach dem Brand erst das Restaurant und Café großzügig wiederaufgebaut. *Tel. 76 09 31 40. Übernachtung in guten Hütten mit Dusche beim Restaurant oder in Privatquartieren. Kategorie 2*

Fredvang Strandcamping
Kleines Restaurant nördlich der Brücke Ramberg-Fredvang am »schönsten Campingplatz der Inseln«. *Kategorie 3*

AUSKUNFT

Turistkontor Ramberg
Im ehemaligen Supermarkt am Hafen Büro für Rorbu-, Hütten- und Zimmervermittlung; Information für Angler; am Selfjord, bei *Kåkernbru* und in Nesland vom Ufer, im Selfjord gefahrlos auch vom Boot. Vermittlung von Kutterfahrten. *Tel. 76 09 34 50*

ZIELE IN DER UMGEBUNG

Nusfjord (13 km)
★ Der historische, an einen winzigen Fjord gekuschelte Fischereiplatz, wurde von der Unesco zum Weltkulturgut erklärt, macht aber eine schwere Krise durch. Der Lachszüchter, dem Nusfjord bis zum letzten Nagel gehörte, ging pleite. Der Ferienbetrieb in den hübschen *Rorbuer* läuft jedoch weiter, die Zukunft des Fischhandels aber war ungewiß. Von hier ❖ Kletterpfad am weiten Vestfjord entlang nach *Nesland*, einem verlassenen Fischerort im Süden der Insel. (A 4)

Reine (35 km)
★ ❖ Der schön gelegene Fischerort am *Kirkefjord* auf der Insel *Moskenesöy* (Brücke), im Krieg zerstört und wieder aufgebaut, ist mit seiner gewaltigen Bergkulisse seit hundert Jahren Ziel vieler Maler. Kurz vor dem Dorf direkt an der Straße Brutkolonien von Dreizehenmöwen. Hinter Reine noch die alten Fischerplätze *Mosken, Sörvågen* und *Å*, das Dorf mit dem kürzesten Namen der Welt. Überall viele *Rorbuer* und zunehmend auch eine Reihe kleinerer Pensionen. Aber für große Hotels ist weder Platz noch Bedarf, und die Landschaft trotzt erfolgreich allen bescheidenen Bauversuchen. Gelegenheit zu Fahrten auf die Vogelinseln Vœröy und Röst.

Superlative nimmt hier keiner ganz ernst

Tromsö, die alte Stadt des Nordens, ist heute fest in der Hand der Jugend: Studenten haben sie neu geprägt

Weiter nach Norden! Auf *Nordland* folgt *Troms* mit *Tromsö* als Hauptstadt, den großen Inseln *Senja* und *Kvalöya* und südlich davon die Gruppe der *Vesterålen*, die manche halb und halb zu den Lofoten rechnen, aber das wird beiden Archipelen nicht gerecht. Immer tiefer sinkt nun die Baumgrenze, immer kahler, nackter recken sich die Bergmassive aus der See.

TROMSÖ 16.6.

★ Stadt der Superlative — aber die Leute in Tromsö wissen es meist gar nicht. Größte Stadt Norwegens, an Fläche zwar nur, aber immerhin! Mit 50 000 Einwohnern größte Stadt nördlich des Polarkreises. Und die Stadt mit der jüngsten Bevölkerung. Das macht die Universität, die natürlich die nördlichste der Erde ist und erst 1972 eingeweiht wurde. Seitdem werden abends

Die Hochbrücke verbindet das Festland und das »eigentliche« Tromsö zur flächenmäßig größten Stadt Norwegens

in Tromsö die Bürgersteige nicht mehr hochgeklappt. Die Studenten haben ihm ein neues Gesicht gegeben. Keine andere Stadt des Landes hat so viele Hotels, Restaurants, Kneipen, Bars, Diskos und »Nightclubs«, immer gemessen an der Einwohnerzahl. Noch ein paar Superlative, die aber niemand so recht ernstnimmt: In keinem anderen Hafen der Welt sind so viele Polarexpeditionen begonnen worden wie in Tromsö. Hier kann es, bedingt durch die großen vorgelagerten Inseln, verdammt kalt werden. Daß der Schnee ein halbes Jahr liegen bleibt, regt niemand auf. Dafür scheint die Mitternachtssonne vom 23. Mai bis zum 23. Juli. Schließlich noch: Wenn Ihre Zeit knapp ist und Sie sich zwischen Tromsö und Hammerfest, der zwar nicht größten, aber doch nun wirklich allernördlichsten Stadt, entscheiden müssen: Nehmen Sie Tromsö! (C 2)

BESICHTIGUNGEN

Vier Dinge sind in Tromsö ein »Muß«: Die *Tromsö bru*, die Hoch-

MARCO POLO TIPS FÜR TROMS

1 Insel Kvalöya
Selten trifft man 4500
Jahre alte Felszeichnungen
so dicht an der Straße
(Seite 74)

2 Lyngen und Storfjord
Die Alpen scheinen nach
Troms versetzt (Seite 74)

3 Nordlysplanetariet
Polarlicht kann in Tromsö
das ganze Jahr über be-
sichtigt werden (Seite 72)

4 Svalbard (Spitzbergen)
Faszinierend aber unwirk-
lich und leider kein Hotel
(Seite 75)

5 Tromsö
Zentrum in jeder Bezie-
hung: Fischerei, Universität, Verkehr, Kirche — und
die meisten Kneipen, im
Frühjahr 1994 zählte man
57. Tendenz steigend!
(Seite 71)

brücke zwischen Festland und der eigentlichen *Tromsöya*, die Eismeerkathedrale auf der Festlandseite der Brücke, und die Kabinenseilbahn *(Fjellheisen)* auf den Aussichtsberg *Storsteinen* (Der große Stein) und schließlich das einzigartige *Nordlysplanetariet* (Nordlichtplanetarium).

Fischmarkt

Am *Stortorget* am äußersten Ende des *Indre Havn* (Innenhafens) neben der Brücke ist unterhalb der *Rådhusgt* häufig am Morgen Fischmarkt. Das muß man gesehen haben! Da werden Fische und Krabben direkt vom Kutter an die Hausfrau verkauft.

Folkeparken (Volkspark)

Am Südende der Stadtinsel überrascht im Volkspark die fast tropisch anmutende Vegetation der *tromsöpalmer*, bis 3 m hoch, auf deutsch »Bärenklau« (Heracleum). Nicht abbrechen! Erstens sowieso. Zweitens: Die Flüssigkeit in den Stengeln ätzt stark. Im Park haben Samen Verkaufsstände für ihre Volkskunst.

Ishavskatedralen (Eismeerkathedrale)

Sonst sind die Norweger mit dem Begriff »Eismeer« gern zurückhaltend. Wo der Mitteleuropäer gern schon vom Eismeer spricht, reden die Nordmänner noch von der Norwegischen See, dem Nordmeer, manchmal auch dem Ostmeer. Bei der *Eismeerkathedrale* haben die Werbeprofis der Touristikbranche von Beginn gesagt: »Eismeer, das wollen die Leute hören, da werden sie kommen!« Sie tun es wirklich. Über Mittag ärgern sie sich dann, weil die Kirche für 90 Minuten abgeschlossen wird. — 1965 aus Beton und Glas erbaut, verkörpert sie eigenwillig die Elemente dieser Landschaft: Licht, Eis, Brüche, Verwerfungen. Die ganze Ostwand ist ein 150 qm großes Glasmosaik. *Sommer 10—14, 15.30—17 und So 13—17 Uhr. Eintritt frei*

Nordlysplanetariet (Polarlicht-Observatorium)

★ Es ist allemal einen Besuch wert. Da erfährt man alles über die geheimnisvollen, riesigen, in vielen Farben leuchtenden »Tüllgardinen«, die im Winter hier im Norden über den Himmel wabern: Sonnenwinde, elektrisch geladene Teilchen, die vom Magnetfeld der Erde eingefangen werden. *Breivika, Tel. 77 67 60 00, Vorführung Sommer Mo–Fr 13.30, 18 und 19.50 Uhr, Sa/So 12.30, 14, 15.30, 17 und 18.30 Uhr. Eintritt Erw. 40 nkr, Kinder- und Familienrabatt*

Storsteinen (Aussichtsberg)

In einer Seitenstraße hinter der Eismeerkathedrale ist die Talstation von *Fjellheisen*, der Kabinenseilbahn zum 420 m hohen *Storsteinen*. Oben verkaufen ein paar Samen Lappenkunst, die teils schon aus Fernost kommt. Es ist viel Platz, man kann Gruppen leicht entrinnen und sich in Ruhe an der phantastischen Aussicht freuen. Stellenweise ist Maschendraht angebracht, damit Sie nicht zu dicht an die Kante treten. Sie sollten ihn beachten, denn wenn schon Norweger einen Schutzzaun aufstellen ...

Tromsö bru (Brücke)

Sie müssen rüber, wenn sie in die Stadt wollen: 1035 m lang, 38 m hoch. Gehen Sie doch einmal zu Fuß, das ist ganz lustig. Unten die Schiffe, oben die Autos.

MUSEEN

Bymuseum (Stadtmuseum)

In der alten *Toldbod*. Kulturhistorische Sammlungen. *Sommer tgl. 11–15 Uhr, Eintritt 20 nkr*

Polarmuseum

In der denkmalgeschützten *Toldbodsbrygge (gleich im Stadtzentrum).*

Sommer tgl. 11–17 Uhr. Eintritt 20 nkr

RESTAURANTS

Kleine Auswahl aus der Vielzahl der unterschiedlichen Angebote: *Peppermöllen* (Pfeffermühle), ältestes Haus am Ort, guter Fisch, zu dem man das einheimische *Macköl* (Bier) trinkt, *Storgt. 42, Tel. 77 68 62 60, Kategorie 1. Panorama,* nur auf den ersten Blick ein Café. Vor allem Restaurant, angenehme Küche, Blick zum Hafen. *Sjögt. 39, Tel. 77 68 81 00, Kategorie 2. Compagniet.* Gut aber teuer. *Sjögt. 12, Tel. 77 65 57 21, Kategorie 1. Brankos Mat og Vinhus*, jugoslawisch, gut und preiswert. *Stor gt. 57, Tel. 77 68 26 73, Kategorie 2*

EINKAUFEN

Am ehesten finden Sie ein paar hübsche Dinge bei *Hillka Design, Kirkegt.* und *Nordkalottens Hus, Strandgt.*

HOTELS

Grand Nordic

Anspruchsvoll und komfortabel, aber nicht billig, Restaurants, Nightclub. 95 Zi. *Storgt. 44, Tel. 77 68 55 00, Kategorie 1*

SAS Royal

Im Zentrum dicht an der Brücke. Modern ausgetattetes Haus mit Grill, Bar, Disko, stattliche Preise. 180 Zi. *Sjögt. 7, Tel. 77 60 00 00, Kategorie 1*

Scandic

Etwas abseits, aber sehr chic, gute Zimmer. 165 Zi. *Langnes, 9014 Håpet, Tel. 77 67 34 00, Kategorie 1*

Preisgünstiger wird es im ausgezeichneten *Saga*, Etagenhotel, *Richard Wihs plass 2, Tel. 77 68 11 80, Kategorie 2*, und im bürgerlichen *Polar, Grönnegt. 45, Tel. 77 68 64 80, Kategorie 2*. Günstig: *Skipperhuset, Storgt. 112, Tel. 77 68 16 60 (Etagenklo), Kategorie 3*

Ausprobieren, welche Disko, welche Kneipe gerade »in« ist.

Turistinformasjon
Storgt. 61, Tel. 77 61 00 00. Sommer Mo–Fr 8.30–20, Sa 10–16.30 und So 12–16.30 Uhr; sonst kürzer.

Lyngen und Storfjord (80 km)
★ Straßen E 8 (bisher 78) und 91 zirka 60 km nach Osten, Fähre *Breivikeidet-Svensby* (25 Min.), dann noch 20 km bis *Lyngseidet an Lyngen- und Storfjord* (wo man noch nach *Olderdalen* übersetzen kann). Großartiges Alpenpanorama, wild und dramatisch. Klettertouren jeden Schwierigkeitsgrades. Im Winter Schlittentouren mit Hunden oder Rentieren. In Lyngseidet Holzkirche von 1775. (C 2)

Insel Kvalöya (45 km)
★ Die Straße 862 entlang der Südküste von Kvalöya ist einen Ausflug wert. Nach 25 km erreicht man den *Rystraumen* (Mahlstrom), durch den Hurtigrute-Schiffe müssen. Angelmöglichkeit vom Ufer. Vorsicht, die Felsen sind schräg! 20 km weiter westlich dicht an der Stra-ße 4500 Jahre alte Felszeichnungen. (C 2)

Vesterålen

Die Inselgruppe der *Vesterålen* liegt nördlich der Lofoten und, grob gesagt, westlich von Narvik. Fischerei war jahrhundertelang das Standbein der Wirtschaft. Noch heute sieht man überall die Gestelle, auf denen vom frühen Frühjahr bis zum Juni der Stockfisch (norwegisch: *törrfisk*, Trockenfisch) von der Salzluft ohne Zusätze konserviert und vom Wind knochenhart gedörrt wird. Beste Qualität (Italienfisch) sind die Fänge von März und Anfang April, die beim Trocknen keinen Frost mehr bekommen. Der macht halbtrocknen Fisch zu Pulver. (O)

HARSTAD

In *Harstad*, dem Hauptort der *Vesterålen*, bildet sich zur Zeit das nördliche Gegenstück zur Ölstadt Stavanger heraus. Harstad wird Versorgungshafen für alle nördlichen Bohrungen. Das bringt zwar Arbeitsplätze, aber ganz glücklich sind die Harstäder auch nicht darüber. Seit 1981 hat es ein einziges Kapitalverbrechen in der 32 000-Einwohner-Stadt gegeben: Ein Mann schlug seine Frau tot. »Kein Mord«, so die Richter, »Totschlag im Affekt.« Jetzt fürchten alle: Mit dem Öl kommt Mord.

Wer auf die *Versterålen* will, verläßt *Narvik* auf der E 6 nach Norden, biegt nach 32 km in *Bjerkvik* nach Westen auf die E 10 (bisher 19) ab. Nach weiteren 66 km muß er sich entscheiden, ob er rechts nach *Harstad* oder links über die E 10 zum Fährhafen

Melbu will, um mit der Fähre nach *Fiskeböl* auf die Lofoten überzusetzen. Harstad, eine Stadt, die schon heute aus den Nähten platzt, und das wird noch mehr werden. Aber rundherum ist Platz, die Landschaft zeigt mehr Liebreiz als die schroffen Lofoten. Harstad war immer auch eine Stadt der Maler und wird das hoffentlich auch bleiben. Allein die Mitternachtssonne (23. Mai–22. Juli) läßt ein unbeschreibliches Farbenspiel über Meer und Küste fluten. Mag auch sonst abends in Harstad die große Langeweile umgehen und das junge Volk in einer schier endlosen Auto-Volta am Hafen die Zeit totschlagen, einiges fällt den Harstadern schon ein: Das *Internationale Fischerfestival (Wettangeln) Ende Juli/Anfang Aug.* paßt noch ins Bild, die *Klassik- und Theaterfestspiele im Juni* überraschen einen schon eher. Sehenswert: die 3 km entfernte *Kirche von Trondenes* (um 1250), die einzige in Nordnorwegen erhalten gebliebene alte Steinkirche mit einem sehenswerten Flügelaltar aus dem Mittelalter. Hier gibt es *Orgelkonzerte während der Festspiele.* (B 3) *Auskunft: Turistinformation, Strandgt. 20, Tel. 76 96 32 35.*

SVALBARD (SPITZBERGEN)

★ Norwegens nördlichster Vorposten *Svalbard* (62 050 qkm) im Polareis wird in aller Regel von Tromsö aus mit Schiff und Flugzeug bedient. In Tromsö begannen auch viele wichtige Polarexpeditionen, so Nansens Fahrt mit der »Fram«, Amundsens Start zur Rettungsaktion für Nobile, bei der er selbst ums Leben kam. Früher ließ Hurtigruten im Sommer einige Schiffe bis Svalbard laufen (Spitzbergen ist nur einer der Inseln, der Ausdruck ist in Norwegen nicht üblich), heute muß einem ein Reisebüro in Tromsö eine Mitfahrgelegenheit mit dem Frachter vermitteln. Übliches Verkehrsmittel aber ist das Flugzeug. SAS und Braathens fliegen beide von Tromsö nach Svalbard (90 Minuten). Übernachtungsmöglichkeiten sind dort rar. Es gibt einen einfachen Campingplatz nahe beim Flughafen *Longyearbyen.* Wer bleiben will, muß Ausrüstung zum Übernachten und Verpflegung bei sich haben. Im September 94 soll das *Svalbard Polar Hotel (60 Betten, Kategorie 2)* eröffnet werden. Auf Svalbard leben etwa 3500 Menschen, je zur Hälfte Norweger und Russen. Die Russen haben Kohlegruben gepachtet. Auch Norwegen fördert Kohle, die wegen ihrer Qualität auf dem Weltmarkt gesucht ist. Seit etwa 1900 wird Svalbard im Sommer jedes Jahr mehrfach von Kreuzfahrtschiffen angesteuert. Dabei lief 1989 der russische Luxusliner »Maxim Gorki« mit 18 Knoten Fahrt auf einen flachen Blaueisberg, schlug leck und drohte zu sinken. Der norwegische Rettungsdienst barg Passagiere, Mannschaft und Schiff in einer mustergültigen Aktion. *Redningsinspektör* Rolf Johansen in Bodö, der sie mit leitete: »Kein Vorwurf gegen die Russen! Das kann jedem Schiff passieren. Die Passagiere wollen Eis sehen, die Reederei verlangt die Einhaltung des Fahrplans. Wenn dann in einem Eisfeld ein dicker Brocken Blaueis steckt, bist du machtlos.« (O)

Wo der Norden ein Käppchen trägt

Wenn Norweger von der Nordkalotte sprechen, meinen sie das Ende der Welt. Da sagen sich Ren und Schneehuhn adieu

Von der Nordkalotte zu reden, ist für Skandinavier Umgangssprache. Kalotte heißt das Käppchen katholischer Geistlicher. Die Nordkalotte der Deckel, der ganz oben wie ein Abschluß gegen das unwirtliche Polargebiet auf Norwegen und Schweden sitzt. Finnmark, Norwegens letztes Ende, ist das Sorgenkind der Osloer Regierung, weil hier alles besonders teuer und die Arbeitslosigkeit hoch ist. Finnmark, das sind gut 70 000 Einwohner auf 48 000 qkm Fläche, statistisch 1,4 Menschen je qkm. In den Niederlanden sind es 350. Hier ist Platz! Aber nicht mehr für die 140 000 oder 150 000 Rentiere der Samen. Viel zu viele! Der Boden ist überweidet, die hauchdünne Vegetationsschicht von den Hufen der Tiere zertreten und, schlimmer noch, von den Scootern und Geländemotorrädern der Hirten zerfurcht. 30 Jahre dauert es hier oben, bis sich

Am nördlichen Zipfel erwartet Sie die Mitternachtssonne. Aber die scheint nicht nur am touristischen Nordkap

eine zerstörte Pflanzennarbe regeneriert. Knapp 35 000 Samen leben im Norden. Die meisten »denkt« man spontan nach Finnland. Falsch! Norwegens Finnmark ist das Samenland. Hier gibt es allein über 20 000. Finnland und Schweden bringen es nur auf je etwa 5000, ein paar leben in Rußland. Die »Norweger« und die »Schweden« sind meist evangelisch, die »Finnen« russisch-orthodox. Allen gemeinsam: Immer weniger folgen mit Ski, Schlitten und der ganzen Familie ihren Herden. Immer mehr leben seßhaft, immer größer werden die Herden einiger weniger Besitzer, immer größer wird die Zahl angestellter abhängiger Männer.

Im hübschen kleinen Samenmuseum in *Varangerbotn* beklagt ein aufgewecktes Samenmädchen — sie ist als Kind noch mit dem Zelt, der *kota*, der Herde gefolgt, heute studiert sie Pädagogik —, daß es auf der riesigen *Varangerhalbinsel* noch ganze neun Samen als selbständige Züchter gibt. Lohnt es sich nicht hinzufahren? Aber ja! Finnmark ist großartig, gewaltig, oft schier unendlich, eintönig, bedrückend — und dann wieder von bezauberndem Liebreiz. Finnmark ist einfach unvergleichlich. Nichts darf Sie überraschen. Auch nicht der Schneesturm im Hochsommer.

ALTA

★ Mit fast 15 000 Einwohnern größter Ort Finnmarks, sehr langgezogen 145 km südlich Hammerfest an der E 6. Bemerkenswert vor allem wegen seines günstigen Klimas (nirgendwo sonst reift so weit nördlich Getreide) und der 1973 entdeckten *3000 Felszeichnungen* des *Helleristningsfelt Hjemmeluft.* Es ist das größte Nordeuropas, seit 1985 in die Liste der Weltkulturgüter der Unesco aufgenommen. Man schätzt die Zeichnungen 2600 bis 6200 Jahre alt: Alltagsszenen und rituelle Handlungen. Das Feld, auch bei Regen auf Holzstegen

An der Meridiansäule begann 1819 die erste exakte Vermessung der Welt

zu begehen, ist im *Sommer von 8—22.30 Uhr geöffnet.* Es liegt direkt an der E 6. (D 2) *Hotels: SAS Alta Tel. 78 43 50 00, Kategorie 1, preiswerter ist das Sommerhotel, Tel. über SAS Alta, Frokosthotellet Tel. 78 43 62 11, Kategorie 2.*

HAMMERFEST

Der nördlichste Hafen Norwegens ist zugleich die nördlichste Stadt der Welt (seit 1789). Zweimal in den letzten hundert Jahren brannte sie vollständig ab, einmal »nur so«, einmal, 1944, beim Rückzug der Wehrmacht. Einzig die kleine Steinkapelle auf dem Friedhof überstand alles. Sie steht heute noch. Eine neue Kirche gibt es seit 1960, ähnlich Tromsøs Eismeerkathedrale. Die kleine katholische St. Michaeliskirche wurde 1957 wiederaufgebaut, eine freiwillige Wiedergutmachung junger Deutscher. Der Hafen kam schnell wieder in Gang. Nestlé und Findus investierten in Fischveredlung. 7000 Menschen leben heute hier.

Interessant ist die *Meridiansäule.* Hier begann 1819 die erste exakte Vermessung der Erde durch Norweger, Schweden und Russen. Sie dauerte 30 Jahre. Erst in unseren Tagen konnte man per Satellit nachprüfen, daß die Vermesser sich nur um ein paar Meter vermessen hatten. Das alte Fundament der Säule läßt es erkennen. (D 1)

HOTELS

Die drei in der Stadt haben ihren Preis. Am teuersten *Hammerfest Hotell, Strandgt. 2—4, Tel. 78 41 16 22, Kategorie 1;* am größten *Rica Hotell, Söröygt. 15, Tel.*

*78 41 13 33, Kategorie 1; das klein-
ste Brassica, Storgt. 9—11, Tel.
78 41 18 22, Kategorie 1. Außer-
dem in der Umgebung Hotels in
Hasvik, Havöysund und Skaidi. Im
Hammerfest Motel an der Straße 94:
Apartements zu Hotelpreisen. Alle
Hotels Kategorie 2. Hütten für je 4
Personen kann man in Hammerfest
ab 250 nkr bekommen.*

RESTAURANT

Essen außerhalb der Hotels ist
nicht ganz einfach. Ein Tip: *Pomoren Mat & Dansebar* serviert als
Spezialität Steinbeißer (*stenbit*),
den Fisch, der meist ohne Kopf
auf den Markt kommt, um die
Käufer nicht zu erschrecken,
aber köstlich schmeckt. *Storgt. 27,
Tel. 78 41 18 93, Kategorie 2*

AUSKUNFT

Turistkontor
Sjögt. Tel. 78 41 21 85

NORDKAP

★ Das Nordkap auf der Insel
Mageröy, von den Norwegern
Nordkapp geschrieben, gilt als der
nördlichste Punkt Europas. Seine geographische Breite ist 71°
10'21". Das ist korrekt. Aber dies
ist nicht der nördlichste Punkt!
Der heißt *Knivskjellodden*, liegt
auf derselben Insel ein paar Kilometer nach Westen, aber eben
nördlicher, auf 71° 11' 08". Warum diese kleine Mogelei? Das
Nordkapp ist mit seinen 307 m
so stattlich, ein einziger Klotz,
der aus dem Nordmeer ragt,
obendrauf Platz hat und eine
wunderbar ebene Hochfläche
aus Glimmerschiefer. Knievs-
kjellodden dagegen ein Haufen
wirrer Schiefertrümmer, gegen
den die Brandung gischtet, zeigt
nichts her. Außerdem ist es mühsam, dorthin zu gelangen. Praktisch, wie Norweger nun mal
sind und um allem Ärger zu ent-

MARCO POLO TIPS FÜR DIE FINNMARK

1 Alta
Nirgendwo sonst in Nor-
wegen trifft man Fels-
zeichnungen in solcher
Massierung wie am Rand
von Alta (Seite 79)

2 Hamningberg
Eine Geisterstadt. Jeden
Augenblick erwartet man
einen John Wayne
mit einem Riesendorsch
auf dem Rücken (Seite 82)

3 Kautokeino
Eines der beiden Samen
(Lappen)-Zentren in der
Finnmark-Tundra. Der

Staat tut alles, um die
bedrohte Minderheit zu
retten (Seite 83)

4 Nordkap
Das Nordkap auf der
Insel Mageröy ist impo-
sant. Aber auch in mehr
als einer Hinsicht proble-
matisch (Seite 79)

5 Varanger
Alternative zu Mageröy
und Nordkap, mit
Båtsfjord, Berlevåg,
Vadsö, Vardö mit dem
Baum, der im Winter in
die Kiste kommt (Seite 80)

gehen, nennen viele das Nord-kap den nördlichsten Straßen-punkt Europas. Hat da eben je-mand mit dem linken Auge ge-pliert?

Oben drauf gibt es eine Halle, Rummel, brüllende Kinder, Männer in zu weiten Pyjamas, die sie Freizeitanzüge nennen, viel Bier, zahme Rentiere, Ver-kaufsstände, auch von Samen, Unrat die Menge. Den Rest hat man nach unten in den Fels ge-sprengt. Panoramacafé, Video-Vorführung der Mitternachts-sonne, falls das Original in den Wolken steckt. Natürlich gibt es hier auch Bier. Und ein Zertifi-kat, daß man da war und Aufkle-ber fürs Autoheck. Sagen Sie nicht, ich sei ein Miesmacher. Ich möchte Sie nur vor einer Enttäu-schung bewahren. Denn es ist mühsam, dorthin zu gelangen, und die Mitternachtssonne sieht hier auch nicht anders aus als wo-anders. 2163 km von Oslo auf der E6 durch Norwegen, das macht vier bis fünf Tage, wenn Sie nicht links und rechts gucken. Durch Schweden und dann über *Kiruna* und *Narvik* oder durch Schweden — Finnland, dann die Straße 93 nach *Alta*, geht es schneller, ist aber landschaftlich nicht so schön. Bleibt der Zug von *Malmö* über *Kiruna* nach *Nar-vik* und dann der Linienbus, das Flugzeug oder schließlich die Schnellbuslinie, *die täglich 11.50 Uhr Oslo verläßt,* über Schweden und Finnland nach Norden bret-tert und nach genau 34 Stunden Nonstop am Ziel ist, Essen und Klo an Bord, Fahrerwechsel ver-mutlich fliegend.

Sie wollen mit dem eigenen Auto zum Nordkap? In Ord-nung! Beim *Olderfjord nördlich Al-*ta nach links von der E6 auf die E69 (bisher 95) abbiegen, nach *Kåfjord* und durch Finnmarks längsten Tunnel zur Sommerfäh-re nach *Honningsvåg* auf *Mageröy,* 20 Abfahrten am Tag oder mehr, noch einmal 35 km Straße zum Kap. Im Winter kann man nur zu Fuß hinkommen. Da ist diese letzte Strecke gesperrt. (E 1) 13 km vor dem Kap ein ganz neues Hotel: *Rica Hotell Nordkapp, 130 Zi., Tel. 67 54 62 40, Kategorie 1*

KARASJOK

Gemeinsam mit Kautokeino wohl das bedeutendste Samen-zentrum ist Karasjok in der Finn-marksvidda, 100 km südlich von Lakselv. Auf älteren Karten fin-det man von hier gar keine Stra-ße nach *Kautokeino,* sie ist aber in-zwischen da und gut zu befah-ren! Quer durch die Tundra mit niedrigem Bewuchs, viel Krüp-pelgehölz. 85 Prozent der 2500 Einwohner sind Samen. Die alte Kirche von 1807 steht noch (trotz Krieg!), die neue, wie ein großes Holzzelt, stammt von 1974. Es gibt ein Gymnasium mit samischem Zweig. In der Realschule gibt es das Fach »Rentierhaltung«. Die Biblio-thek hat die größte Sammlung samischer Literatur, das *Samen-museum (De samiske Samlinger)* gibt guten Überblick über die Lebensweise der Samen. Silber-schmiede, Kunstgewerbezen-trum, Gebrauchsgegenstände (Finnenmesser) im Zentrum. Gelegenheit zum Goldwaschen, Bootstouren auf dem Fluß, Hun-deschlittenfahrten: *Turistinforma-tion Tel. 78 46 69 02.* Außer klei-neren Hotels und Herbergen: *SAS Turisthotel Tel. 78 46 62 03, Motel*

Karakroa Tel. 78 46 64 46, Kategorie 2. (E 2)

KAUTOKEINO

★ Kautokeino (100 km südlich von Alta) ist eine der größten Samengemeinden, fast 2500 ständige Einwohner, dazu 70 000 Rentiere, die aber im Sommer an der Küste und auf den Inseln weiden — auch der Mücken wegen, die hier, wie überall im Inneren Lapplands, wie die Teufel stechen. Unbedingt Mückenmittel kaufen und im Hotel Zimmer mit defektem Fliegendraht vorm Fenster wild entschlossen ablehnen. Erst gegen Ende August geht die Mückenplage vorbei. Die Einheimischen schwören auf Finn-Olje, in allen Hotels, Herbergen, Läden, Tankstellen.

Ostersonntag ist das Volksfest, Samen-Hochzeit, Rentierschlittenrennen. Etwa um diese Zeit auch »kleine Rentierscheide« (die große ist im Herbst). Dann können Sie die Fotos selbst machen, die Sie aus dem Fernsehen kennen. Im Ernst, das ist eine tolle Sache, nur: Ostern ist es noch sehr kalt. Damit alles seine Ordnung hat, gibt es eine Rentierpolizei. Glauben Sie nicht? Bitte: *Tel. 78 45 75 69.* Die Kautokeino-Tracht ist besonders hübsch. Ganzjahres-Attraktion: *Juhls sölvsmie* (Silberschmiede). Ein herrlich verrücktes Haus, ein 1000 qm großer verwinkelter Bungalow in der Wildnis, vollgestopft mit Museumsstücken, Silberarbeiten, schönen (käuflichen) Lappenmessern, Trachten, Taschen und Körben. Alles wie in einem einzigen Raum — scheinbar sogar die Schafe und

Hühner (die Glasscheibe davor entdeckt man erst spät). Hier kann man gucken, solange man Lust hat, keiner muß kaufen, Kaffee und Kuchen sind billig. *2 km in Richtung Galamito. Hotel: SAS Turisthotel, Tel. 78 45 62 05, Kategorie 2. Samisch essen bei Karen Anne Bongo; im Hotel bestellen oder 78 45 61 60 anrufen.* (D 3)

VARANGER

★ Natürlich will Ihnen der Autor das Nordkap nicht ausreden. Aber er bietet Alternativen. Hier ist eine: *Varanger,* die große nordöstliche Halbinsel des Landes. Sie überqueren die *Tana* bei *Tana bru,* verlassen dann sofort die E 6 und wenden sich auf der 890 nach Norden. Zuerst am Schwemmsanddelta der Tana entlang, hinauf in die Höhe, die bald an die innerisländischen Geröllwüsten erinnert: hoher Norden pur. Ganz selten ein Auto (im Winter darf hier, wenn überhaupt, nur im Konvoi gefahren werden), dann und wann halbwilde Rentiere, kein Mensch. Wenn Sie anhalten und das Glück haben, daß kein Wind geht, ist es, als hörten Sie die Stille, fühlten die Einsamkeit. Bloß keine Panne! Aber keine Sorge, hier hilft jeder jedem. An der Gabelung wählen Sie die 891 nach rechts. Vor *Båtsfjord* streift eine einmotorige Dornier der ehemaligen *Norving* fast Ihr Autodach und landet neben Ihnen. Das nennt sich Flugplatz: Schotterpiste. Ob die Linie bestehen bleibt, ist noch nicht sicher. Die erste Gesellschaft ging pleite, *Widerøe* hat die *Norving* übernommen, und, wie immer im Norden, schießt der Staat zu. *Båtsfjord Roy-*

al Hotel (Tel. 78 98 31 00, Kategorie 2) ist ein ordentliches Haus, aber anmelden! Ort und Hafen (3000 Ew.) könnten auf Grönland liegen. In den Fischfabriken arbeiten heute Tamilen. (F 1)

Weiter westlich (über die Straße 890) das kleinere *Berlevåg* (1400 Ew.), an dem Hurtigruten früher bei Nordsturm so oft vorbeifahren mußte. Jetzt sind die riesigen Molen fertig und haben bisher jedem Orkan getrotzt. (F 1) Auch im *Ishavshotellet* sollte man vorbestellen. *Tel. 78 98 14 15. Kategorie 2.*

Am nächsten Tag die 140 km bis *Tana bru* zurück. Ab 300, 400 m Höhe hat man auch im Juli Schneereste unter sich. Nun wieder auf die E 6. Nach knapp 20 km *Varangerbotn*, ein Nest wie am Alaska-Highway — bis auf das hübsche *Samen-Museum* (E 1). Jetzt müssen Sie sich entscheiden: *Vadsö* und *Vardö* an der Varanger-Südküste (Straße 98) oder *Kirkenes* an der russischen Grenze? Vorschlag: erst die Südküste und dann die russische Grenze.

ZIEL IN DER UMGEBUNG

Vadsö

14 km hinter *Varangerbotn* liegt bei *Nesseby* auf einer Halbinsel im Fjord eine kleine Kirche. Auf dem Friedhof weiden Schafe. Diese Kirche blieb zwischen Kirkenes und Varanger 1944 das einzige Gebäude, das die abziehende Wehrmacht nicht niedergebrannt hat. An der Straße folgen prachtvolle ❧ Aussichtspunkte, dann vor *Klubben* der *Fuglebergget*, der Vogelfelsen, der leicht zugänglich ist. Schließlich *Vadsö*, Finnmarks Verwaltungszentrum mit 7000 Einwohnern. Im Krieg zweimal plattgebombt. Erst von Russen, dann von Deutschen. Nicht schön, aber praktisch wiederaufgebaut. Das *Vadsö-Museum* (Eintritt 10 nkr), im alten Stil wiedererstanden, belegt die vielen Einflüsse. Samen, Finnen, Norweger leben hier seit langem friedlich zusammen. Das *SAS Vadsö Hotel (Oscarsgt. 4, Tel. 78 95 16 81, Kategorie 1)* ist ein angenehmes Haus. (F 1)

VARDÖ

Norwegens östlichster Hafen und die östlichste Stadt (3000 Ew.), 80 km von Vadsö. Eine Insel, seit 1983 durch einen Drei-km-Tunnel mit dem Festland verbunden, 88 m unter dem Meeresspiegel. Davor liegt eine noch kleinere Insel mit der Festung *Vardöhus* von 1730. In der Sternschanze stehen noch Kanonen. Sie schießen nur einmal im Jahr, wenn die Wintersonne zum erstenmal wieder übern Horizont steigt. Dann gibt es schulfrei — was für eine schöne Sitte! Und davon gibt es hier noch mehrere: Vor der Kommandantur steht im Winter eine Riesenkiste, darin dick verpackt Vardös einziger Baum, eine Eberesche. Es waren mal acht. Sieben sind inzwischen längst erfroren. Das soll mit der letzten nicht auch noch passieren. Das *Vardöhus-Museum* und die *Kirche* von 1958 machen auf, wenn das Hurtigrutenschiff angelegt hat und die Passagiere sich die Beine vertreten wollen. (F 1) Übernachtung im *Norton Hotel Barents, Tel. 78 98 77 61, Kategorie 2*

Hamningberg

★ Alte aufgegebene Fischersiedlung, die in der Wildnis an der Nordküste Varangers liegt, 40 km schmaler, aber fahrbarer Schotterstraße von Vardö. Verfallene oder grauweiß gebleichte Häuser, Goldgräberstimmung. Im Sommer hat der schwach bestückte Laden geöffnet, einige Familien kehren für ein paar Wochen zurück, pflegen die Gräber auf dem kleinen Friedhof. Hamningberg war Kulisse für mehrere Filme. 〰 Die Anfahrt entlang der zerklüfteten Schieferküste ist überwältigend. Und dann die Mitternachtssonne! In der Flutzone findet man Netzkugeln, ganze Netze, Korkschwimmer, ein halbes Steuerhaus. (F 1)

Sör-Varanger (Pasviktal)

Von *Varangerbotn* auf der E 6 nach Osten. In *Neiden*, wo die Brücke den *Skoltefossen* (Skoltfall, benannt nach den hier lebenden Skoltsamen) überquert, kommt von rechts die Straße vom (finnischen) *Inarisee*. Linker Hand oberhalb des Flusses ein weitläufiges neues Holzhaus, *Neiden-Turisthotel (Tel. 78 99 61 85)* mit großem Restaurant, Hotel und Seniorenpension in einem. Sofort Zimmer festmachen! *Hotel und Restaurant Kategorie 2*. Denn danach kommt nur noch *Kirkenes*, ein öder Erzhafen, den man nicht gesehen haben muß, und die Hotels dort sind durch Reisegruppen immer zum Bersten voll. Aber: Ab Kirkenes *im Sommer tgl. Boot/Bus-Verbindung nach Murmansk (Rußland, kein Visum)*. Hier ist Grenzland, hier haben Samen und Samojeden, Pomoren und Russen, Finnen und Norweger lange Zeit meist friedlich zusammengelebt. Die verschiedenen Konfessionen haben ihre Kirchen und Kapellen in die Landschaft gesetzt, und jeder hat jeden geduldet. (F 1-2)

Man läßt Kirkenes links liegen und wendet sich auf der Ölkiesstraße 885 nach Süden. Ein Schild fragt einen, ob man getankt hat, hier kommt keine Zapfsäule mehr, und der Sprit muß auch für die Rückfahrt reichen! Man ist überrascht: hübsche kleine Einfamilienhäuser neben alten Höfen und Hütten aus Torf. Dann endlose Strecken Wald, Wasser, Moor, Wollgras, Taiga. Das einzige Stück Taiga auf westeuropäischem Boden! 〰 Ein Traum von Weite. Freiheit, scheinbar jedenfalls, aber die russische Grenze hat man immer auf ein paar hundert Meter zur Linken, oft geht der Blick weit ins fremde Land hinein. Das hat hier nie Angst gemacht. Wer wollte hier in Moor und Wasser schon angreifen? Ein Zöllner kommt! Worauf paßt er auf? Er lacht: »Auf die Deutschen! Wenn die mit einem Wohnmobil auftauchen und haben ein Kanu auf dem Dach, klingeln bei uns die Alarmglocken. Die sind wie die Lemminge. Die schmeißen irgendwo das Boot ins Wasser und paddeln wie ums Leben nach Osten: Einmal für ein paar Sekunden auf russischem Boden stehen. Ist denn das die Erfüllung? Kein Franzose, kein Schwede, kein Holländer oder Italiener hat uns je damit in Atem gehalten«. (F 2) *Informationen, auch über Ausflüge nach Murmansk, über »Grenseland«, Postboks 8, N-9901 Kirkenes, Tel. 78 59 25 01*

Die schönste Reise der Welt

Hurtigruten, ein Zauberwort für ganz Norwegen

Die ältesten Hurtigruten-Schiffe haben über 40 Jahre auf den Spanten. Aber gerade sie sind gemütlich und besonders sturmfest. Seit 1893 wird die Postschifflinie von Bergen nach Kirkenes an der russischen Grenze täglich befahren: die »schönste Reise der Welt«. Die »Rundreise« dauert elf Tage, 2500 Seemeilen, 4600 Kilometer, in Nord- und Südrichtung je 35 Häfen. Man kann jedes beliebige Teilstück buchen, so oft unterbrechen wie man will, und später mit einem folgenden Schiff weiterfahren: Aber: Im Sommer solche Reise in allen Einzelheiten vorher genau buchen! Denn um diese Zeit gibt es sonst oft kein freies Bett. 180 Kajütpassagiere haben auf jedem Schiff Platz, auf den Neubauten noch mehr. Die können bis zu 60 Autos mitnehmen. Auf den alten Schiffen werden nur wenige Autos befördert und per Kran verladen. Trotzdem empfehlen Kenner die alten Schiffe: Obwohl sie kleiner sind (gut 2000 BRT), »schaukeln« sie bei Sturm weniger. Allerdings liegt die Route so, daß sie meist in geschütztem Fahrwasser zwischen Inseln verläuft. Aber einige Male muß das Schiff in die freie See: vor *Stadlandet*, im *Folla*-Seegebiet, über den *Vestfjord* und entlang der Nordküste. Tabletten gegen Seekrankheit gibt es an Bord.

Gefahren wird bei jedem Wetter. »Hurtigruten gibt uns auch im schlimmsten Winter, wenn die Flugplätze verwehen, das sichere Gefühl, nicht abgeschnitten zu sein vom Leben da unten im Süden«, sagen die Menschen im Norden. Im Winter hat das Schiff manchmal nicht mehr als ein halbes Dutzend Kabinenpassagiere — und billige Tarife! Die Bordküche hat einen guten Ruf. Im Sommer drängt sich auf Deck und in den »Salons« viel junges Volk, das nur ein paar Stationen mitfährt. Schnaps wird an Bord nicht ausgeschenkt. Das fördert die Harmonie, sagen die Kapitäne.

Hurtigruten-Reisen sind nicht billig. Es kommt ja immer die Anreise nach Bergen hinzu. Will man eine ganze »Rundreise« machen, so muß man, inklusive Flug oder Fähre/Bahn auf der Anreise ab Hamburg zwischen 2600 und 5200 Mark, je nach Kabine, rechnen. — Wer Teilstrecken buchen will: Schöne Abschnitte sind: *Måløy—Ålesund—Trondheim*. Weiter: *Rörvik-Sandnessjöen-Bodö*, die Vier-Stunden-Fahrt übers offene, oft rauhe Wasser des Vestfjords von *Bodö* bis *Stamsund*. Sie fahren der *Lofotwand* entgegen. Toll die Strecke von *Svolvær* bis *Tromsö*. — Buchungen: *Norwegische Schifffahrtsagentur, Kl. Johannisstr. 10, 20457 Hamburg, Tel. 040/376930*

Von Auskunft bis Zoll

Hier finden Sie kurzgefaßt alle wichtigen Adressen und Informationen für Ihre Norwegenreise

AUSKUNFT

Deutschland:
Norwegisches Fremdenverkehrsamt, Mundsburger Damm 27, D-22087 Hamburg, Tel. 0 40/22 71 08 10. Fax 22 71 08 15

Österreich:
Kgl. Norwegische Botschaft, Bayerngasse 2, A-1037 Wien, Tel. 01/ 7 15 66 92/93/94

Schweiz:
Kgl. Norwegische Botschaft, Dufourstr. 29, CH-3005 Bern, Tel. 0 31/44 16 49, Fax 0 31/43 53 81

ALKOHOL

Trinken ist in Norwegen teuer. Wein und Spirituosen bekommt man nur im *Vinmonopolet*, den vom Staat eingerichteten Alkoholverkaufsstellen. Schnaps wurde und wird überall geschmuggelt, das ist einträglich, aber gefährlich. Die Strafen sind hart (siehe unter Zoll). Leichtbier gibt es im Supermarkt. Größere Restaurants haben Konzessionen für alle Alkoholika, viele andere nur für Wein und Bier.

APOTHEKE – ARZT

Medikamente gibt es nur in Apotheken. Fast alle sind rezeptpflichtig. Man braucht ein norwegisches Rezept, auch Bitten und Betteln werden es nicht ersetzen. Ärzte/Zahnärzte findet man in jeder größeren Gemeinde in der *Lægevakt*, der staatlichen Arztstation; Rufnummer auf einer der ersten Seiten jedes Telefonbuchs. Man muß bar bezahlen und die Rechnung nach der Heimkehr der eigenen Kasse zur Erstattung vorlegen. Wegen der Umständlichkeit: regelmäßig benötigte Medikamente mitnehmen!

AUTOFAHREN

Alkohol
0,5 Promille ist absolute Höchstgrenze. Wer damit erwischt wird, zahlt 1$\frac{1}{2}$ Bruttomonatsgehälter Strafe. Bei 1,5 Promille ist der Führerschein weg und Haft sicher – auch ohne Unfall.

Anschnallen
Auf Vordersitzen Pflicht, auf Hintersitzen auch, »wenn Gurte

Norwegen läßt sich nicht in Tagen »schaffen«. Die Entfernungen sind einfach zu groß

vorhanden«. Kinder unter vier müssen Spezialsitze haben. Verstöße kosten harte Geldstrafen.

Autofähren
Es gibt mehr als 200. In der Regel pünktlich. Im Sommer oft Zusatzschiffe.

Benzin
Super bleifrei nicht an allen Tankstellen. Bleifreies einfaches Benzin hat meist 95 Oktan.

Entfernungen
400 km am Tag sind reichlich genug: viele Kurven, schmale Strecken, starke Steigungen und Gefälle.

Geschwindigkeit
In Orten 50, auf Landstraßen 80, auf einigen Schnellstraßen 90 km/h; viele Beschränkungen durch Schilder. Die sind ernst gemeint. 5 km/h zu schnell kosten 400 nkr, 20 km/h schon stolze 2000 nkr. Gespanne nicht schneller als 70 (ungebremst 60 km/h).

Licht
Auch am Tag muß das Abblendlicht brennen (Buße 400 nkr).

Maut
Einige Brücken, Tunnel, Straßen, Innenstädte kosten Mautgebühr *(bompenger)*.

Pannenhilfe
Im Sommer durch Fahrzeuge des Automobilklubs NAF. Notruf Tag und Nacht über *NAF-Zentrale Oslo 22 34 16 00*.

Rücksicht
Kinder und Tiere (Schafe!) haben auf der Straße »Vorfahrt«. Auf einspurigen Straßen muß der bergab Fahrende bis zum nächsten *møteplass* (Begegnungsplatz, »M«-Schild) zurück.

Versicherung
Die heimische Haftpflicht zahlt auch in Norwegen. Grüne Versicherungskarte nicht Pflicht, aber ratsam.

Behinderte sind völlig selbstverständlich ins Alltagsleben integriert. Sie anzustarren oder ihnen betont auszuweichen, gilt als sehr unhöflich. Die meisten Hotels, Rasthäuser, Campingplätze, viele Restaurants haben Behinderteneinrichtungen.

Kaum ein Ort, der nicht von einer Omnibuslinie berührt wird. Der Bus-Pool *NOR-WAY Bussekspress* ergänzt Bahn, Fähren, Fluglinien. Anschlußzeiten werden abgestimmt. Beispiele: *E 6-Ekspress* Oslo—Göteborg, 3 × tgl.

5½ Std. ca. 260 nkr; *Nordfjordekspress* Oslo–Otta–Stryn–Måløy, 1 × tgl. 11 Std. ca. 580 nkr; *Geiteryggekspress* Bergen–Oslo 1 × tgl. 11 Std. ca. 500 nkr; *Fjordekspress* Bergen–Ålesund, 1 × tgl. 11 Std. ca. 450 nkr; *Möreekspress* Trondheim–Ålesund 1 × tgl. 8 Std. ca. 390 nkr. *Tromsöekspress* Oslo–Tromsö (über Schweden) 1 × wö. 28 Std., ca. 1000 nkr. *Auskunft und Buchung: NOR-WAY, Oslo 1, Tel. 22 33 01 91.* Wer sich im Reisebüro ein »NOR-WAY-Ticket« besorgt, bekommt auf allen Express-Routen 25% Rabatt.

EISENBAHN

Norwegens Eisenbahnnetz ist mit 4257 km recht dünn. Bahnstrecken führen von der schwedischen Grenze nach Oslo. Von Oslo nach Fagernes, von Oslo über Kristiansand nach Stavanger, von Oslo nach Bergen *(Bergenbahn)*, von Oslo nach Åndalsnes, von Oslo nach Trondheim über Dombås oder Röros, von Trondheim nach Bodö *(Nordlandbahn*, an der hundert Jahre gebaut wurde). Von Narvik zur schwedischen Grenze und weiter über Kiruna ins schwedische Streckennetz. Die Strecken sind überwiegend elektrifiziert. Nur 30% verlaufen in ebenem Gelände, der große Rest sind Steigungen oder Gefälle bis 5,5%. Es gibt viele Preisermäßigungen. Mit der einmal gelösten Kundenkarte für 370 nkr erhalten Sie für bestimmte »grüne« (*grönne*) Züge 50% Rabatt, für die anderen Züge 33%. Der maximale Fahrpreis (auch für die längste Strecke) ist für grüne 470 nkr, für Kinder bis 16 nur 215 nkr. Gruppen über 10 Personen 25%, im Juni/Juli/August 10%, Senioren über 67 Jahre 50%. Ausländische Rentner über 60 bekommen bei Vorlage eines Seniorenpasses ihres Heimatlandes in Verbindung mit einer Rail-Europ-S-Karte 50% Rabatt. Studentenermäßigungen nur für Studierende an norwegischen Hochschulen. – Mit der *Nordtourist-Karte* darf man mit der Bahn drei Wochen kreuz und quer durch Dänemark, Schweden, Norwegen und Finnland fahren:

Entfernungen in Kilometern

	Bergen	Bodö	Kirkenes	Kristiansand	Oslo	Svinesund	Tromsö	Ålesund
Bergen	—	1375	2577	412	501	620	1652	401
Bodö	1375	—	1310	1640	1294	1444	545	1203
Kirkenes	2577	1310	—	2842	2527	2646	841	2405
Kristiansand	412	1640	2842	—	346	296	2077	911
Nordkap	2218	998	526	2531	2184	2303	464	2093
Oslo	501	1294	2527	346	—	119	1731	561
Svinesund	620	1444	2646	296	119	—	1850	680
Tromsö	1652	545	841	2077	1731	1850	—	1640
Trondheim	608	767	1969	873	527	646	1204	436
Ålesund	401	1203	2405	911	561	680	1640	—

2. Klasse 2280, Jugendliche unter 12 bzw. 25 zahlen 1275 bzw. 1710 nkr, Kinder zwischen 4 und 12 erhalten 50% Ermäßigung (Sommer 94). Expreßzüge sind in der 1. und 2. Klasse platzkartenpflichtig (30 nkr). *Inter-Rail-Karten* sind in Norwegen gültig. Als landschaftlich besonders schön gilt die ⚡ *Bergenbahn*. Die Strecke ist 470 km lang und wurde 1909 fertig mit 200 Tunneln, über 300 Brücken, 28 km Schneeschutztunneln. Sie hat in *Finse* (1222 m) den höchsten Bahnhof Skandinaviens, klettert noch auf 1301 m in weg- und steglosem Fels: phantastische Ausblicke! Fahrzeit von Oslo 6:45 Std., tgl. vier Züge. — Aufregend die *Flåmsbahn* vom Bergenbahn-Bahnhof *Myrdal* (866 m) über 20 km nach *Flåm* (null m) an einem Seitenarm des Sognefjord (Fährverbindung nach Gudvangen oder Revsnes, dann Bus). An besonders schönen Aussichtspunkten fährt der Lokführer langsam oder hält sogar an.

FLIEGEN

Fliegen gehört längst zum Alltagsverkehr. *SAS, Braathens* und *Widerøe* überziehen Norwegen mit einem engen Netz von Fluglinien, die selbst kleine Orte bedienen. Aber der Spaß ist teuer. Allerdings: Mit den *Nor Way Tikkets* können Sie bei *Widerøe* viel Geld sparen (Reisebüro fragen!). Ähnlich ist es bei *Braathens* mit dem *VISIT NORWAY PASS*, der nur von Ausländern benutzt werden darf, das jedoch nur auf Inlandsflügen. Jeder Flug kostet da zwischen 460 und höchstens 920 nkr, Kinder bis 12 die Hälfte. *SAS* hat Sonderkonditionen ähnlich *Flieg und Spar* oder *Super Flieg und Spar*, außerdem zumindest für die Sommersaison '94 ein Sonderangebot: Jeder Inlandsdirektflug, auch der längste, kostet pauschal 80 Dollar. Da die Bedingungen sich oft ändern, rechtzeitig im Reisebüro nachfragen. Auf einigen Strecken sind der früheste Morgen- und der späteste Abendflug verbilligt. In allen Flugzeugen: Rauchverbot!

HOTELPÄSSE

In Norwegen gibt es mehrere Hotelpaß-Systeme, die das Reisen billiger und einfacher machen. Wenn Sie einen Paß haben, übernachten Sie preiswerter, und das Hotel der letzten Nacht besorgt Ihnen kostenlos ein Zimmer im nächsten Hotel Ihrer Wahl. Das sollte möglichst zur Kette gehören, aber notfalls arbeitet man auch mit der Konkurrenz zusammen.

Fjordpaß

Norwegens größtes Hotelpaß-System. Der Paß kostet einmalig 50 nkr und gilt für 2 Erwachsene und deren Kinder unter 15. Zur Kette gehören 300 Hotels, Pensionen und Gasthöfe. Preise für ein Doppelzimmer mit Frühstück 230 bis 440 nkr. Kinder unter 3 frei, bis 15 nur 50%. Garantiert sind mindestens 20% Rabatt gegenüber den normalen Sommerpreisen. Pässe im Reisebüro oder in Ihrem ersten Hotel.

Scandinavien Bonus Pass

Er gilt für 100 Hotels in Skandinavien, davon 40 in Norwegen, ein Paß 160 nkr für zwei Erwachsene und deren Kinder (Preise pro Person im Doppelzimmer 265 bis 430 nkr). Kinder bis 15 übernachten gratis im Zimmer der Eltern (Extrabett), und zahlen nur 25 nkr fürs Frühstück. Hotels der Kette sind als *Inter Nor Hotels* gekennzeichnet. Vorbestellungen gratis von Hotel zu Hotel. Paßkauf bei der ersten Übernachtung oder im Heimatland in auf Skandinavien spezialisierten Reisebüros.

ProSkandinavia Hotel Cheque System

Hier zahlt man pro Person 69 DM für Übernachtung und Frühstück, auch in vielen sehr guten Hotels. Man kauft die Schecks im voraus in Deutschland im Reisebüro (in Österreich noch nicht möglich), aber in der Schweiz ca. 60 sfr, in Schweden 245 skr, Großbritannien 23 £, in Spanien 4300 Ptas, in Frankreich 240 FF, in Italien 49 000 Lit — alles Sommer 93). Man muß mindestens drei Schecks kaufen. Nicht benutzte Schecks werden mit 70% erstattet. Die Schecks gelten vom 1. 6.–31. 8. und ganzjährig an Wochenenden. Kinder unter 12 wohnen umsonst, über 12 zahlen sie wie Erwachsene. Wichtig: Es kann erst 24 Stunden vor Ankunft gebucht werden. *Buchungen über: Haman Scandinavia, Köln, Tel. 02 21/25 11 82.*

HOTELS UND HÜTTEN

Was sich *hotell* nennen darf, hat einen guten Standard. *Touristhotell* oder im Gebirge *høyfjellhotell* sind Häuser mit noch besserer Ausstattung. Viele gehören Hotelketten an, die Hotelpässe ausgeben und Preisnachlässe gewähren. Norwegische Hotels sind im Sommer billiger als in der übrigen Jahreszeit. Auch sonst gibt es häufig Verbilligungen an Wochenenden, oder es läuft gerade eine Sonderaktion mit Preisnachlässen. An der »resepsion« bei der Ankunft oder bei der telefonischen Bestellung immer nachfragen, notfalls auch hartnäckig. In Oslo kann man im Luxushotel leicht 1200 nkr für ein sehr gutes Doppelzimmer loswerden, in Bergen und Trondheim über 900 nkr, aber man bekommt gute Zimmer auch für den halben Preis. In kleinen Hotels und Pensionen, in der Regel mit WC und Dusche, ab 200 nkr. Außerhalb der großen Städte gibt es Überraschungen. Manche Traditionshotels langen gehörig hin, andere begnügen sich mit Preisen ab 125 nkr fürs Doppel. Billigere Übernachtungsmöglichkeiten bieten *gjestgiveri, pension, fjellstue* (Berghütte), *turiststasjon*. In Privatquartieren — meist hängt ein Schild *rom* (Zimmer) vor dem Haus — können Sie oft schon für 75 nkr ein Zimmer bekommen, auch eine einfache Hütte. Unter 75 nkr kaum Angebote. Im Sommer gibt es für 400 nkr wirklich gute Doppelzimmer.

Für Hütten: *Den Norske Hytteformidling, Postboks 34 04, Bjölsen, N 0406 Oslo, Tel. 22 35 67 10.* Wer ans Meer möchte: *Fjordhytter in Bergen* gehört zur selben Agentur. Faustregel: einf. Hütte für 4–6 Personen Nebensaison ab 1200 nkr wöchentl. Hochsaison ab 1600 nkr. Komfort-Hütten bis 4000 nkr die Woche. Luxusexemplare gibt es auch. Eine Sonderform sind die *Rorbuer* auf den Lofoten, ehemalige Fischer-Saisonunterkünfte, die oft auf Pfählen in den Hafenbecken stehen.

JEDERMANNSRECHT

Altes Gewohnheitsrecht: Jeder darf sich in der Natur überall, auch auf Privatgrund, frei bewegen, aber nicht gerade in fremden Gärten herumlaufen. Menschen, Tiere und Natur dürfen dabei nicht geschädigt oder behelligt werden. Mit Zelt oder Wohnwagen mindestens 150 m Abstand zum nächsten Haus oder einer Hütte einhalten. Daueraufenthalt außerhalb von Campingplätzen nicht gestattet.

JUGENDHERBERGEN

Sie heißen *Vandrerhjem*. Bettplatz kostet 70 bis 150 nkr pro Nacht, Ermäßigung für Verbandsmitglieder, keine Altersbeschränkung. Wanderer und Radfahrer haben Vorrang vor Kraftfahrern. Voranmeldung ratsam!

LANDKARTEN

Ihre alte Norwegenkarte können Sie leider nur noch bedingt benutzen. Seit Juli 1992 haben sich die Nummern sehr vieler Straßen geändert. Das stiftet heillose Verwirrung, besonders auch bei der Benutzung älterer Reiseführer. In diesem MARCO PO-LO sind jedoch alle Änderungen berücksichtigt.

NATIONALPARKS

In den meisten Nationalparks bestehen gute Wandermöglichkeiten, in einigen kann man auch in Hütten übernachten. Äußerste Rücksichtnahme auf die Natur wird erwartet. Hinweisschilder beachten!

POST – TELEFON

Post und Telefon/Telegraf sind getrennte Einrichtungen, oft auch in getrennten Gebäuden. Postämter in Städten haben von ca. 8–16/17 Uhr geöffnet, in kleinen Orten oft nur stundenweise an bestimmten Tagen. Ähnliche Zeiten in Telefon-/Telegrafenämtern. Man kann von jeder Zelle Auslandsgespräche führen. Wählen Sie 0 95 vorweg, und lassen Sie dann die *Null* bei der Landeskennzahl weg, ebenso die *Null* bei der Ortskennzahl. Die Apparate in den Zellen nehmen 1-Kronen-Stücke, 5-Kronen-Stücke, zum Teil auch 10-Kronen-Stücke an. In vielen Zellen kann man sich anrufen lassen. Die Nummer steht groß drin. Achtung! 1993 wurden alle norwegischen Telefonnummern umgestellt. Ortsvorwahl entfällt, dafür jetzt landesweit gültige achtstellige Nummern. In diesem MARCO POLO sind alle Nummern neuester Stand.
Vorwahl nach Deutschland: 0 95 49
Vorwahl nach Österreich: 0 95 43
Vorwahl in die Schweiz: 0 95 41

RAUSCHGIFT

Drogen werden ein immer größeres Problem in Norwegen. Besonders seit einige Rauschgiftbanden Oslo als Verteilerkreuz entdeckt haben. Die Polizei greift hart durch, und Rauschgiftdelikte werden von den Gerichten streng bestraft.

SOMMERSKI

»Sommerski« zu fahren findet immer mehr Anhänger: Bei gutem Wetter sogar im Bikini auf

Gletscherschnee. Auskunft in jedem Reisebüro.

Viele Dialekte und zwei offizielle Sprachen: *bokmål* (oder *rikmål*; stark dänisch beeinflußt) und *nynorsk* (Neunorwegisch, aus Protest gegen das Dänische im Westland entstanden). Beides wird in der Schule gelehrt, 20 Prozent bleiben bei *nynorsk*. Wer eins kann, versteht auch das andere. Drei zusätzliche Buchstaben: æ, ø, å (stehen nach dem »Z« im Alphabet). Wichtig für die Aussprache: o wie o oder u (Norweger sprechen ihre Hauptstadt Uslu: wer Oslo sagt wird auch verstanden), u wie ü, y wie zwischen i und ü, å und aa wie o, æ wie ä, ø wie ö, v wie w. Die Buchstaben q, w und z gibt es nur in Eigennamen oder Fremdwörtern.

UMWELTSCHUTZ

Norweger nehmen Ökologie sehr ernst. Wer erwischt wird, daß er *söppel* (Müll) in die Natur oder ins Wasser wirft, zahlt Strafe. Also stets die vielen Abfalltonnen an den Straßen benutzen! Auch Norwegen kennt Umweltprobleme, hausgemachte und importierte. Aber: Das Wasser aus Bächen im Gebirge (nicht aus Seen) kann man auch heute noch getrost trinken.

VERSTÄNDIGUNG

Fragen Sie *Snakker du tysk?*, wenn Sie wissen wollen, ob jemand deutsch spricht. Wenn nein, versuchen Sie es mit Englisch. Geht auch das nicht, hier die wichtigsten Redewendungen:

Guten Morgen heißt eigentlich *God morgen*, wird aber selten benutzt. Normal sagt man: *Hei!* Das verwendet man auch mittags (oder *God dag!*). Für Guten Abend *God kveld!* oder auch *Hei!* Ganz wichtig: Danke! heißt *takk!* – Sie können es gar nicht oft genug sagen. (Oft in Verbindung mit: Danke für ... *Takk for mat* (Essen). Ja ist einfach: *ja*. Nein auch: *nei*. Nicht heißt *ikke*, Entschuldigung *unnskyld* (gesprochen: ünskül). Gängigste Form bei der Verabschiedung (ob auf Wiedersehen, Tschüß, Adieu): *Ha det bra!* (Hab es gut!). Meist begnügt man sich mit: *Ha det!* Für Bitte! (gebend) sagt man *Vær så god* (wörtlich: Sei so gut, gesprochen: *Vär so god*). Bitte (bittend): *Vær så snill å!* Gesprochen: *Vär so snill o ...* Zu schwierig? Sogar dann hilft das Wunderwort *takk. Takk en öl!* wird als »Bitte ein Bier!« akzeptiert.

ZAHLEN

Norwegische Zahlen sind unproblematisch. Ziffern schreibt man natürlich ebenso wie in allen Staaten Europas. Eins heißt *en* oder *ett*, zwei heißt *to*, drei *tre*, vier *fire*, fünf ist *fem*, sechs *seks*, sieben heißt *syv* oder *sju*, acht *åtte* (gesprochen: *otte*), neun ist *ni*, zehn *ti*. Zwanzig *tyve* oder *tjue*, dreißig *tretti*, vierzig *förti*, fünfzig *femti*, sechzig *seksti*, siebzig *sytti*, achtzig *åtti* (gesprochen: *otti*), neunzig *nitti*, hundert heißt *hundre* und tausend *tusen*.

ZEITUNGEN

Norweger sind lesefreudig. Auch kleine Städte haben ihr Lokalblatt, das selbstverständlich in jedem Supermarkt und an jedem Kiosk zu haben ist. Ausländische Zeitungen und Zeitschriften gibt es im allgemeinen in den *NAR-VESEN-LÄDEN*, aber Norweger werden sich weder aufregen oder gar etwas unternehmen, wenn die Züricher, Il Tempo oder BILD noch nicht da sind oder überhaupt nicht kommen.

ZOLL

Zollfreie Einfuhr pro Person über 20 nach Norwegen: 1 l Schnaps, 1 l Wein, 2 l Bier (statt Schnaps *und* Wein auch 2 l Wein). Außerdem verzollte Einfuhr von 4 l Schnaps/Wein und 10 l Bier möglich. Nicht schmuggeln! Bei Alkohol kann der sonst freundliche Zoll pingelig werden! Und abkassieren! Tabak (ab 16) sind 250 g gestattet. Oder 200 Zigaretten und -papier, oder 50 Zigarren. Verbotene Einfuhr: Fleisch außer 5 kg je Person in Dosen, Pflanzen, Eier, Kartoffeln, Medikamente (bis auf persönlichen Bedarf), Waffen, Munition (Jagdwaffen deklarieren!), Fischnetze.

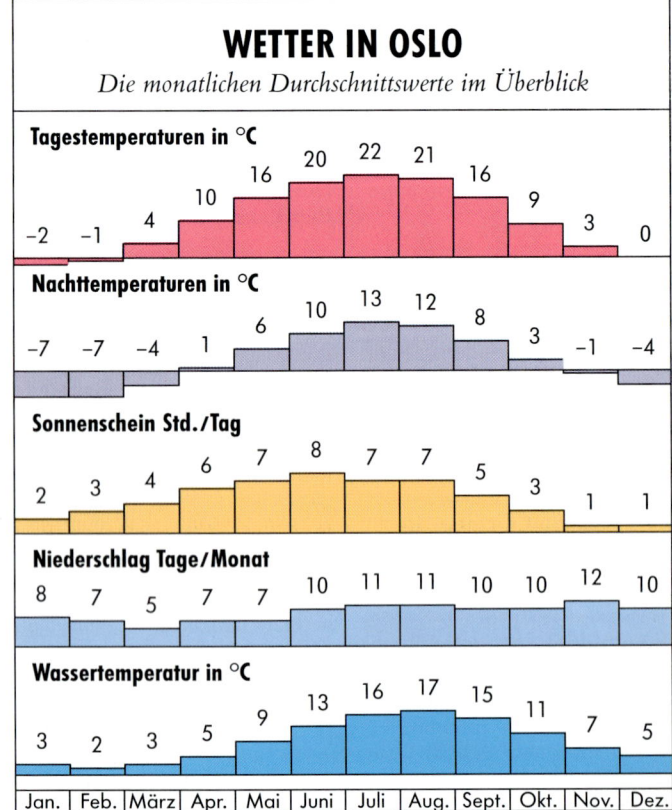

WETTER IN OSLO
Die monatlichen Durchschnittswerte im Überblick

Tagestemperaturen in °C
–2 –1 4 10 16 20 22 21 16 9 3 0

Nachttemperaturen in °C
–7 –7 –4 1 6 10 13 12 8 3 –1 –4

Sonnenschein Std./Tag
2 3 4 6 7 8 7 7 5 3 1 1

Niederschlag Tage/Monat
8 7 5 7 7 10 11 11 10 12 10

Wassertemperatur in °C
3 2 3 5 9 13 16 17 15 11 7 5

| Jan. | Feb. | März | Apr. | Mai | Juni | Juli | Aug. | Sept. | Okt. | Nov. | Dez. |

Bloß nicht!

Norwegen ist ein großzügiges Land mit allerdings streng gehandhabten Gesetzen. Auch die ungeschriebenen sollte man genau beachten

Autofahren

Fahren Sie nicht schneller als vorgeschrieben, es wird sonst teuer. 5 km/h zuviel kosten 400 Kronen! Dann steigt es: 20 km/h = 2000 Kronen Strafe. 400 Kronen für Fahren ohne Abblendlicht – am Tag! 0,5 Promille Alkohol kosten $1\frac{1}{2}$ Brutto-Monatsgehälter, 1,5 Promille Gefängnis und Führerscheinentzug – für alle!

Feuer

Im Freien Feuer zu machen ist wegen Wald- und Moorbrandgefahr zwischen 15. April und 15. September streng verboten. Rauchverbot auf allen norwegischen Inlandflügen. Die Nichtraucherzonen in Restaurants, Bars, Cafés freiwillig beachten!

Einfuhr

Versuchen Sie nicht, mehr als die erlaubte Menge Alkohol einzuführen. Der Zoll macht Stichproben, die Strafen sind empfindlich. Grundsätzlich verboten: Frischfleisch, Pflanzen, Eier, Kartoffeln. Medikamente nur für den Eigenbedarf.

Nordkap

Ach bitte, fahren Sie nicht zum Nordkap – es sei denn, Sie mögen Kirmesrummel! Da ist es voll, laut, Nepp überall, das Bier noch teurer als sonst. Und Mitternachtssonne und Eismeer sehen nicht ein bißchen anders aus als überall im hohen Norden. Außerdem: Da wird geschummelt, es ist gar nicht der nördlichste Punkt Norwegens. Lieber nach *Båtsfjord, Berlevåg* oder *Hamningberg* auf der *Varangerhalbinsel* – Norden pur, überwältigend und nicht so voll. Sogar noch halbwilde Rentiere.

Danken

Sie dürfen in Norwegen fast alles. Nur eines nicht: vergessen, sich zu bedanken, wann, wofür, warum und wo auch immer. *Takk* , Danke, ist ein unverzichtbares Wort. Vater und Kinder sagen nach jedem Essen *takk for maten*, und Mutter wird antworten *seltakk* – Danke ebenfalls. War man abends zu Gast, sagt man *takk for iaften* und hört von der Gastgeberin *takk for denne gang* – Dank für diesmal. Womit Sie schon die Formulierung haben, die immer und bei jeder Gelegenheit stimmt. Und notfalls tut es auch ein einfaches *takk*. Aber das muß sein, und sei es zum Polizisten, der das Strafmandat schreibt.

Was bekomme ich für mein Geld?

 Die Norwegische Krone (nkr), die sich in den letzten Jahren gegenüber den starken europäischen Währungen ganz gut behauptet hatte, ist in jüngster Zeit gegen D-Mark, Schweizer Franken und Österreichischen Schilling wieder billiger geworden. 100 nkr sind ca. 23 Mark, ca. 22,50 sfr, ca. 179 ös. Norwegisches und ausländisches Bargeld kann in beliebiger Höhe nach Norwegen eingeführt werden. Wenn der in bar mitgeführte Gesamtbetrag jedoch 25.000 nkr übersteigt, muß er bei der Einreise beim Zoll deklariert werden. Reiseschecks braucht man nicht anzugeben. Kreditkarten sind für Norweger vertrautes Zahlungsmittel, auch fast alle internationalen Kreditkarten werden in Hotels und Geschäften akzeptiert, ebenso Reiseschecks und Euroschecks. Mit Bargeld zu reisen, hat seine Risiken, macht das Wechseln aber besonders schnell und unkompliziert. Gleich größere Summen wechseln! Ob 100 oder 1000 nkr, die Gebühren sind gleich. Rechnet man auf Euroschecks, Reiseschecks und Kreditkarten die sichtbaren und versteckten Gebühren drauf, fährt man bar am billigsten. Mit einer Reihe europäischer Postsparbücher kann man an allen größeren Postämtern in Norwegen Geld abheben.

DM	Nkr	Nkr	DM
1	4,35	1	—,23
2	8,69	5	1,15
3	13,04	10	2,30
4	17,39	25	5,75
5	21,74	50	11,50
10	43,47	75	17,25
15	65,21	100	23,--
20	86,94	150	34,50
30	130,41	200	46,--
40	173,88	250	57,50
50	217,35	300	69,--
60	260,82	400	92,--
70	304,29	500	115,--
80	347,76	600	138,--
90	391,23	700	161,--
100	434,70	750	172,50
200	869,40	800	184,--
300	1.304,10	900	207,--
500	2.173,50	1.000	230,--
750	3.260,25	2.500	575,--
1.000	4.347,--	5.000	1.150,--

Mit der Scheckkarte zahlt man überall, auch beim Tanken

REGISTER

In diesem Register sind alle in diesem Führer erwähnten Orte verzeichnet

Orte
Alta 78
Andenes 67
Arendal 39
Ålesund 45
Balestrand 48
Ballstad 68
Bergen 41
Berlevåg 81
Bodinkirke 61
Bodö 58
Böla 55
Bygdöy 34
Dalsnibba 47
Eidsvoll 37
Flakstad Kirke 69
Flöyen 44
Gamle Bergen 45
Geiranger 47
Geirangerfjord 46
Grip 49
Grotli 47
Hammerfest 78
Hamningberg 83
Hardangerfjord 45
Hardangervidda 37
Hareid 47
Harstad 74
Helgelandsküste 63
Hell 54
Hellesylt 47
Hjelle 49
Holmenkollen-
   schanze 33
Hurtigruten 84
Jostedalsbreen 46
Jotunheimvei 39
Kabelvåg 67
Karasjok 80
Kap Lindesnes 38
Kaupanger 48
Kautokeino 81
Kirkenes 81
Kjerringöy 62
Kristiansand 37
Kristiansund 47
Kvalöya 74

Leknes 68
Lillehammer 38
Lyngen 74
Lysefjord 39
Narvik 63
Nordfjord 49
Nordkapp 79
Nusfjord 69
Mandal 38
Molde 47
Oslo 32
Peer-Gynt-Vei 39
Ramberg 68
Reine 69
Romsdal 46
Runde 46
Röros 55
Röst 62
Saltstraumen 61
Sandefjord 38
Sandnessjöen 62
Setesdal 38
Sogndal 48
Sognefjord 47
Sör-Varanger
   (Pasviktal) 83
Stalheim
Stabkirchen
   Borgund 19/**48**
   Bygdöy 18
   Fantoft 44
   Heddal 19
   Hegge 12
   Hurum 19
   Lom 19
   Lomen 19
   Reinli 18
   Øye 19
   Urnes 19
   Uvdal 19
   Vågåmo 19
Stavanger 38
Steinkjer 54
Storfjord 74
Strynefjellet 47
Svalbard (Spitz-
   bergen) 75

Svartisen 63
Svolvær 66
Troldhaugen 45
Trollstigen 48
Tromsö 71
Tron 55
Trondheim 51
Træna 62
Vadsö 82
Varanger 81
Varangerbotn 81
Vardö 82
Vesterålen 74
Vestkapp — Stadt-
   landet 49
Vestresand 68
Videseter 49
Væröy 62